HAIR KAP SALONS DE COIFFURE

TECTUM

© 2006   Tectum Publishers
Godefriduskaai 22
2000 Antwerp, Belgium
info@tectum.be
+ 32 3 226 66 73
www.tectum.be

ISBN: 90-76886-28-8
WD: 2006/9021/6
(30)

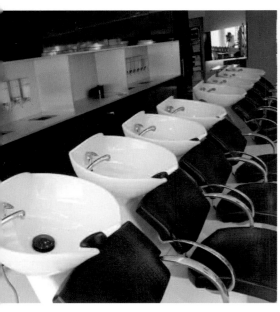
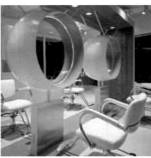

CONTENTS

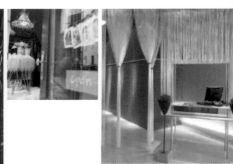

INTRODUCTION

The design of a modern hair salon requires a specific approach. Those who tackle such projects not only have to be able to deal with complex volumes, but must also be familiar with chemical-proof materials and the technical characteristics of the various elements, and above all be able to harmoniously integrate the many functional aspects. After all, a contemporary hair salon must provide space not only for reception, sales and advice, but also for waiting, washing, dyeing and cutting, and possibly even for a bar, an internet area and a beauty area.

There is a thread running through this wide variety of hair salons: the architect's, interior designer's and owner's pursuit of quality and innovation, spatial unity and comfort. In this book we show representative creations from all over the world, from the private boudoir of the Belgian queen to a huge salon in London with more than 70 hairdressers, from a pure Zen salon in Japan to superbly restored industrial buildings in Indianapolis and Georgia.

Whereas in the past a hair salon was little more than a chair, a mirror and a pair of scissors, today it is a full interior that has evolved into a complex space divided into zones which at the same time must be suitable for cross-zone activities. All this is in the attempt to make the customer completely happy. A challenge that will force the next generation of hairdressers into constant innovation too.

INTRODUCTION

Le design d'un salon de coiffure moderne requiert une approche spécifique. Il est important de manier les volumes complexes et les différents matériaux spécifiques, résistants aux produits de coiffure. Mais avant tout, il faut savoir intégrer une multitude de fonctions utilitaires de manière harmonieuse. Tout compte fait, un salon de coiffure contemporain doit offrir des espaces destinés aussi bien à la réception, qu'à la vente et aux entretiens personnels, ainsi que des espaces pour l'attente, le lavage, la coloration ou la coupe. Et même pour un bar, une zone réservée à l'accès à Internet ou une cabine de beauté.

Un même fil conducteur parcourt cette sélection variée de salons de coiffure : la recherche de la qualité et de l'innovation, une unité spatiale et de confort dans laquelle se lancent architectes, décorateurs et propriétaires. Nous passons ici à quelques commentaires concernant les créations les plus représentatives du monde : de la coiffeuse privée de la reine de Belgique, au salon immense à Londres comptant plus de 70 coiffeurs ; de l'espace du plus pur style zen, aux splendides constructions industrielles rénovées à Indianapolis et Georgia.

Si auparavant, un salon de coiffure ne demandait pas davantage qu'une chaise, un miroir et des ciseaux, il requiert à l'heure actuelle un design professionnel, car il a évolué vers un espace complexe, divisé en zones spécifiques qui doivent remplir des fonctions diverses. Maintenant, le seul objectif est la satisfaction totale du client. Et c'est tout un défi, qui contraindra également la prochaine génération de coiffeurs à innover constamment.

INLEIDING

De inrichting van een modern kapsalon vraagt om een specifieke benadering. Wie eraan begint, moet niet enkel kunnen omgaan met complexe volumes, maar ook bekend zijn met productbestendige materialen en de techniciteit van de verschillende elementen, en bovenal de vele utilitaire functies harmonisch kunnen integreren. Uiteindelijk moet er in een hedendaags kapsalon immers zowel ruimte zijn voor ontvangst, verkoop en advies, als voor wachten, wassen, kleuren en knippen, en eventueel zelfs voor een bar, internethoek en beautyruimte.

Doorheen de grote verscheidenheid van kapsalons loopt een rode draad: het streven van architecten, interieurontwerpers en eigenaars naar kwaliteit en vernieuwing, ruimtelijke eenheid en comfort. In dit boek tonen we representatieve realisaties van over de hele wereld, van het privé-boudoir van de Belgische koningin tot een immens salon met meer dan 70 kappers in Londen, van een puur Zen-salon in Japan tot prachtig gerestaureerde industriële gebouwen in Indianapolis en Georgia.

Was een kapsalon vroeger niet veel meer dan een stoel, spiegel en schaar; vandaag is het een volwaardig interieur dat geëvolueerd is naar een complexe ruimte met onderverdelingen in zones die tegelijkertijd geschikt moet zijn voor zone-overschrijdende activiteiten. Dit alles in een poging om de klant volledig tevreden te stellen. Een uitdaging die ook de volgende generatie kappers tot constante vernieuwing zal dwingen.

DE CLIÉNT
ANTWERP, BELGIUM

The Antwerp Fashion District around Nationalestraat must of course have its own designer hairdressing salon too. Rather than go for the casual look, the owners of "De Cliént" opted for a lounge and shop atmosphere.

So the hairdresser Glen Gemeiner requested, and was given, the ultimate 'wow effect'. The taut lines, the continuous mirrors and the bare concrete of the walls largely determine the design element of this salon. The high-gloss black paint, the brown smoked glass and the snakeskin armchairs give this salon a luxurious feel.

As if this were not enough, Sara Pan's graphics, the LCD screens built into the mirrors and the display window by Lee add that little bit extra.

Le quartier de la mode anversois, autour de la Nationalestraat, ne se concevait pas sans un salon de haute coiffure. Les propriétaires du " De Cliént " ont fait le choix d'une boutique-salon plus que d'un endroit décontracté. Le coiffeur Glenn Gemeiner a obtenu le résultat souhaité et on en reste bouche bée ! Les lignes droites, l'effet de miroir en continu, et les murs en béton brut sont les bases de la décoration de ce salon. La peinture laquée noire, les vitres en verre fumé, et les fauteuils en peau de serpent apportent une touche de grand luxe. Les graphiques de Sara Pan, les écrans LCD encastrés dans les miroirs et le présentoir de Lee donnent une touche finale et originale au salon.

Ook het Antwerpse Fashion District rond de Nationalestraat kan niet zonder een design kapsalon. Eerder dan voor een casual look, kozen de eigenaars van "De Cliént" voor een lounge- en shop-uitstraling. Kapper Glenn Gemeiner vroeg en kreeg dan ook het ultieme 'waw-effect'. De strakke belijning, het doorlopende spiegeleffect en de ruwe betonafwerking van de muur bepalen in grote mate het designgehalte van dit salon. De zwarte hoogglanslak, het bruin gefumeerde glas en de slangenlederen fauteuils geven dit salon een luxe-uitstraling. Alsof het nog niet genoeg was, geven de graphics van Sara Pan, de in de spiegels ingebouwde LCD-schermen en de etalage van Lee dit salon net dat ietsje meer.

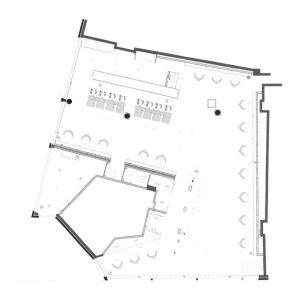

DESIGN WIM VAN HEES | *EQUIPMENT* JJ MAES

- BLACK LACTOBEL GLASS AND SNAKESKIN ARMCHAIRS MAKE FOR AN IMPRESSION OF LUXURY.

  LE VERRE NOIR LACTOBEL ET LES SOFAS EN PEAU DE SERPENT DONNENT UNE SENSATION DE LUXE.

  ZWART LACTOBEL-GLAS EN SLANGENLEDEREN FAUTEUILS ZORGEN VOOR EEN LUXUEUZE UITSTRALING.

• THE TAPERING LINES OF THE MIRRORS DYNAMICALLY OPEN UP
THE SPACE.

LES LIGNES DESCENDANTES DES MIROIRS CRÉENT UNE
OUVERTURE DYNAMIQUE.

DE AFLOPENDE LIJNEN VAN DE SPIEGELS TREKKEN DE RUIMTE OP
EEN DYNAMISCHE MANIER OPEN.

- Concealed RGB lighting makes for changing light effects.

L'éclairage RGB encastré crée des effets de lumières changeants.

Verborgen RGB-verlichting zorgt voor wisselende lichteffecten.

DL LOWRY
HAIRSPA BOUTIQUE
INDIANAPOLIS, USA

The avant-garde design of this room has already been awarded many prizes. The area was arranged in such a way as to create a smooth whole. The entrance makes reference to hotel lobbies, while the circular dyeing bar in the centre is reminiscent of a restaurant and the space for the washbasins with the curtain and projection screen creates the atmosphere of a bedroom. The floor extends endlessly. To preserve the flowing line, the oval concrete partition between the dyeing and cutting zones was raised off the floor. Indirect lighting reflected off the wooden floor emphasises particular accents. This is timeless and classical design, in a salon that has been well thought out.

La décoration d'avant garde de ce local a déjà reçu plusieurs prix. La superficie a été divisée de telle façon qu'elle procure un ensemble harmonieux. L'entrée ressemble à un vestibule d'hôtel, le comptoir central, arrondi, fait penser à un restaurant et l'ensemble des bacs de lavage, rideau et écran de projection évoque une chambre à coucher. Le sol est, de manière surprenante, d'un seul tenant. Afin de conserver une ligne fluide, la séparation entre les zones de teinture et de coupe est une paroi flottante en béton. L'éclairage indirect se reflète dans le parquet et souligne certaines formes. En résumé : design classique et intemporel dans un salon ingénieux.

Het avant-gardistische design van deze ruimte werd reeds veelvuldig bekroond met prijzen. De oppervlakte werd zo ingedeeld dat er een vloeiend geheel ontstond. De ingang verwijst naar een hotellobby, de centrale ronde kleurbar doet dan weer denken aan een restaurant en de plek van de wasbakken met gordijn en projectiescherm roept dan weer een slaapkamergevoel op. De vloer werd eindeloos doorgetrokken. Om de vloeiende lijn te behouden, werd de ovale betonafscheiding tussen kleur- en knipgedeelte zwevend gemaakt. Indirecte verlichting die weerkaatst op de houten vloer benadrukt bepaalde accenten. Tijdloos en klassiek design dus, in een doordacht salon.

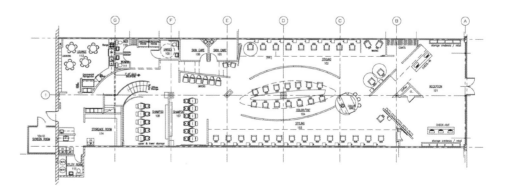

DESIGN MASSIMO PIZZOLEO | ***EQUIPMENT*** MALETTI & L'IDEA

• Dark washbasins and a shampooing
partition in cherry give the large
space a more intimate feel.

Grâce aux lave-tête foncés et au mur
en cerisier dans la zone réservée au
lavage, l'espace bien que vaste
acquiert une touche d'intimité.

Donkere wasbakken en een kerse-
laren shampoowand geven de grote
ruimte een intiemer gevoel.

RENOVER
NARA, JAPAN

Fifty square metres and a hairdresser who opts decisively for warm minimalism. In this salon, Takara Belmont chose taut, straight lines, and above all functionality. With their ingenious Oasis system, two styling chairs can be quickly transformed for shampooing, and the mobile thermostatic washing unit can be clicked into a hidden floor element. This creates a flexible space that can be geared perfectly to the hairdresser's needs. Its extremely austere arrangement gives it a clean feel. This is relieved somewhat by the wooden floor and the warm yellow light. The space is dominated by a black steel counter 3.5 metres long with a top in indigenous Cryptomeria.

Cinquante m² et un coiffeur qui opte résolument pour un minimalisme chaleureux. Takara Belmont a choisi la sobriété et les lignes droites au service du fonctionnel. Les deux fauteuils de barbier, par exemple, se convertissent en sièges pour laver la tête grâce au système Oasis, simple et ingénieux ; le bac de lavage mobile à thermostat peut être fixé d'un simple «clic» sur les arrivées d'eau et d'évacuation dissimulées dans le sol. Ainsi s'est créé un espace flexible parfaitement adapté aux besoins d'un coiffeur. Le sobre aménagement donne une impression de «propre», contrebalancée par l'effet du parquet et d'une chaleureuse lumière jaune. Un comptoir en acier noir de 3,5 mètres de long doté d'une tablette de cryptomère locale domine l'espace.

Vijftig m² en een kapper die resoluut kiest voor warm minimalisme. Takara Belmont ging in dit kapsalon voor strak, rechtlijnig, maar boven alles ook voor functioneel. Twee witte barbierstoelen kunnen dankzij het vernuftige Oasis-systeem snel omgetoverd worden in shampoostoelen en de verplaatsbare wasunit met thermostaat kan vastgeklikt worden in een verborgen vloerunit. Zo ontstaat een flexibele ruimte die perfect afgestemd kan worden op de kappersbehoeften. De uiterst sobere opstelling zorgt voor een cleane sfeer. Dit wordt enigszins gecompenseerd door de houten vloer en het warme gele licht. De ruimte wordt gedomineerd door een toog van 3,5 meter in zwart staal en met een blad van inheems Cryptomeria.

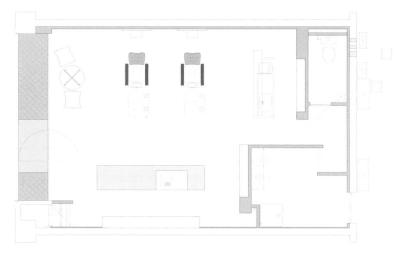

DESIGN SOICHIRO NAGAO | **EQUIPMENT** TAKARA BELMONT JAPAN

- A PLAIN LAYOUT AND MUTED COLOURS ENLARGE
  THE SPACE.

  LA DISTRIBUTION SOBRE ET LES COULEURS
  DOUCES ÉLARGISSENT VISUELLEMENT L'ESPACE.

  EEN SOBERE OPSTELLING EN ZACHTGEKLEURDE
  ELEMENTEN VERGROTEN DE RUIMTE.

SALON MAX
HARDEWIJK, THE NETHERLANDS

'Create the most attractive salon in the Netherlands for me'. These were the sole guidelines the interior designer Guy Sarlemijn was given. But he did not have to start from scratch. The monumental architecture of this old church, with its pointed arch windows and arch-vaulted ceilings, provided a rewarding basis. It led to a symbiosis of old and new. Belgian bluestone has been laid in the bar and styling area, while a stainproof Antico floor was chosen for the new mezzanine. The entire space was painted in the pure-looking Ral 9003. The lighting plan was drawn up by Modular. Other striking features are the styling chairs and the delightful sixties bucket seats from MG Bross, by Porsche design.

« Faites-moi le plus joli salon de coiffure des Pays-Bas...» fut l'unique directive que reçut le décorateur Guy Sarlemijn. Cependant, il ne partait pas de zéro. L'architecture monumentale de l'ancienne église avec ses fenêtres en ogive et ses plafonds voûtés était une base très gratifiante pour une synthèse d'ancien et de moderne. Dans l'espace coiffure, le sol du bar est en granit belge tandis que pour le nouvel entresol, on a opté pour un matériel traité anti-taches. Tout est peint en blanc pur. Le projet d'éclairage est dû à Modular. On remarque aussi les fauteuils devant les coiffeuses et les différentes chaises baquet de MG Bross par Porsche design.

"Maak me het mooiste salon van Nederland" ... meer richtlijnen kreeg binnenhuisarchitect Guy Sarlemijn niet. Toch diende hij niet van nul te beginnen. De monumentale architectuur van de oude kerk, met haar spitse ramen en booggewelfde plafonds, was een dankbare basis. Het leidde tot een symbiose van oud en nieuw. In de bar en het kapgedeelte lig een Belgische hardsteen, terwijl in de nieuwe entresol gekozen werd voor een vlekbestendige Antico vloer. De complete ruimte werd geverfd in het zuivere Ral 9003. Het lichtplan werd opgesteld door Modular. Opvallend zijn ook de kapstoelen en de leuke sixties kuipstoelen van MG Bross door Porsche design.

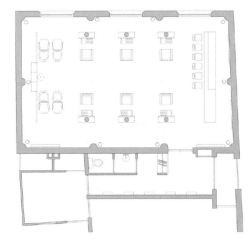

DESIGN GUY SARLEMIJN | *EQUIPMENT* GAMMA BENELUX

- THE SYMMETRY OF THE DESIGN GIVES AN
  AESTHETIC AND CALMING EFFECT.

  LA SYMÉTRIE DU CONCEPT DÉGAGE UN
  EFFET ESTHÉTIQUE ET RELAXANT.

  DE SYMMETRIE VAN HET ONTWERP ZORGT
  VOOR EEN ESTHETISCH EN RUSTGEVEND
  EFFECT.

ALDO
COPPOLA
MILAN, ITALY

If you have a salon that looks out on Milan cathedral, you are going to be the talk of the town before you know it. But it's not only the view that's excellent, the interior is breathtaking too. It was an intelligent choice to do the roof in glass. It means the surroundings can be integrated into the decor. Wherever the customer looks she always has an incredible panoramic view. But attention was also paid to comfort, with sunblinds and air conditioning for the hot Italian summer. It certainly does justice to the Maletti furniture too. The lighting is by Artemide (Tolomedo). LCD screens and the spacious open-air terrace are the proverbial cherry on the cake.

Si votre salon ouvre sur la cathédrale de Milan, il est normal que tout le monde parle de vous. Mais, chez Coppola Rinascente, non seulement la vue est belle, mais en plus, l'intérieur est impressionnant. Intelligemment, le choix s'est porté sur une toiture vitrée qui intègre tout naturellement l'environnement au décor. Où qu'il regarde, le client ne voit qu'un superbe panorama. De plus, le confort n'a pas été oublié : protection contre le soleil et climatisation pallient les effets de l'été italien. Les meubles de Maleti resplendissent comme jamais. L'éclairage est de l'Artemide (Tolomedo). Les écrans LCD et la vaste terrasse en plein air ajoutent une superbe touche finale.

Als je salon uitkijkt op de Dom van Milaan, ben je vanzelf de talk of the town. Maar niet alleen het uitzicht is mooi, ook het interieur is adembenemend. Het was een intelligente keuze om een dakconstructie in glas op te trekken. Hierdoor kon de omgeving geïntegreerd worden in het decor. Waar je ook kijkt, als klant heb je steeds een ongelooflijk panorama. Daarnaast werd ook aandacht besteed aan comfort, met zonnewering en airco voor de warme Italiaanse zomer. De meubels van Maletti komen hier zeker tot hun recht. De verlichting is van Artemide (Tolomedo). LCD schermen en het grote openluchtterras zijn de spreekwoordelijke kers op de taart.

EQUIPMENT MALETTI

- THE MOVABLE FURNITURE IN OPAL GLASS
  PROVIDES A PLEASANT LIGHT ACCENT.

  LES MEUBLES AUXILIAIRES EN OPALINE
  OFFRENT UNE LUMIÈRE FOCALE AGRÉABLE.

  DE MELKGLAZEN BIJZETMEUBELS ZORGEN
  VOOR EEN AANGENAME ACCENTVERLICHTING.

FORDHAM-
WHITE
LONDON, UK

Aesthetics are rarely the overriding element in a design, but at "Fordhamwhite" no compromises have been made. For an elongated space with a beige stone floor there could be no sharper contrast than bands of white cloth suspended below the ceiling, which both reduces the height of the room and gives it an ethereal atmosphere. As you come in you are led through to the back by means of a wall in white-painted MDF with openings for displays, products and visual entertainment, and, facing it, a marvellous amorphous sofa upholstered in pink fabric with a white flower motif. At the back you find segmented styling areas in clear glass between columns of smoked glass combined with illuminated rose-tinted glass. The highly unexpected white styling chairs and washing chairs give this fairytale interior an added dimension.

L'aspect esthétique ne constitue que rarement la base du design, mais chez "Fordham-white" aucun compromis n'a été accepté à cet égard. L'espace allongé, recouvert d'un tapis de pierre beige, contraste catégoriquement avec le plafond suspendu de toile blanche, ce qui donne un volume abaissé et irréel. Un mur en MDF laqué blanc, est garni de cavités destinées à des présentoirs, des produits et des éléments visuels guidant le visiteur vers la partie arrière. De l'autre côté du mur, se trouve un magnifique fauteuil tapissé d'une étoffe à motifs floraux blancs et au volume indéfini. Dans le fond, entre des colonnes de verre fumé combiné à du verre illuminé à teinte rose, se trouvent les coiffeuses séparées par du verre transparent. Les fauteuils blancs pour la coupe et le shampooing ne sont absolument pas mis en évidence et confèrent une dimension extraordinaire à cet espace magique.

Zelden is esthetisch design het belangrijkste bij een ontwerp, maar in "Fordhamwhite" is geen enkel compromis gemaakt. Een langgerekte ruimte bedekt met een beige steentapijt kan geen groter contrast krijgen dan het plafond van opgehangen stroken wit textiel dat een verlaagde – zweverige sfeer creëert. Bij het binnenkomen word je naar achteren geleid via een witte gelakte MDF wand met uitsparingen voor displays, producten en visuele ontspanning met er tegenover een prachtige amorfe zetel bekleed met een roze stof met wit bloemenmotief. Hier bevinden zich gesegmenteerde kappersplaatsen van helder glas tussen zuilen van gefumeerd glas in combinatie met verlicht roze getint glas. De niet evidente witte kapperstoelen en wasstoelen geven dit feeëriek pand nog een extra dimensie.

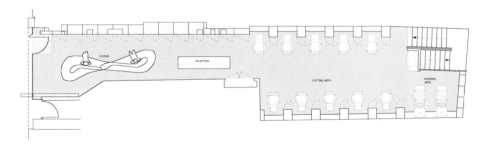

DESIGN SARAH FEATHERSTONE | **EQUIPMENT** TAKARA BELMONT UK

● At the rear of the elongated room stand the white E'sy washing chairs.

Dans le fond de l'espace allongé se trouvent les fauteuils de lavage blancs E'sy.

Achteraan de langgerekte ruimte bevinden zich de witte E'sy-wasstoelen.

SIESTA
NARA, JAPAN

Timeless design for every type of customer, with no unnecessary frills or complicated shapes. This is the best way of describing "Siesta". The design is not only aesthetic but functional too, and plays an important part in marking off and accentuating the separate zones, which is done using different forms, colours and light. The cutting and waiting zones are defined by the play of various shades of blue, which run up from the floor onto a fanciful partition wall which then curves into the ceiling. The mirrors look like continuous columns with lateral lighting. The use of curved forms is repeated in the ceiling lighting. All in all an agreeable space with no overly radical changes.

Design intemporel pour tout client, sans décorations superflues ni formes compliquées: c'est la description la plus pertinente de "Siesta". Le design est, non seulement esthétique, mais fonctionnel et joue un rôle déterminant pour délimiter et personnaliser les différents espaces. Tout est question de formes, lumières et couleurs. La zone d'attente et de coupe est délimitée par un jeu de bandes bleues qui vont du sol à l'amusante paroi de séparation et s'achève en élégante courbe au plafond. Les miroirs sont comme des colonnes éclairées de coté. Le langage des lignes courbes se prolonge dans l'éclairage du plafond. Ainsi s'est créé un espace plaisant où rien ne heurte le regard.

Tijdloos design voor alle type klanten, zonder overbodige franjes en ingewikkelde vormen. Zo zou je Siesta het best kunnen omschrijven. Het design is niet alleen esthetisch maar ook functioneel en speelt een belangrijke rol bij het afbakenen en versterken van de verschillende zones. Dit gebeurt door verschillende vormen, kleuren en soorten licht te combineren. Knip- en wachtzone worden afgebakend door een spel van verschillende blauwgradaties, die van de vloer overgaan in een speelse scheidingsmuur, om dan met een curve in een plafond te veranderen. De spiegels lijken op doorlopende zuilen met zijdelingse verlichting. De gebogen vormentaal wordt herhaald in de plafondverlichting. Zo ontstond een aangename ruimte, zonder overdreven ingrepen.

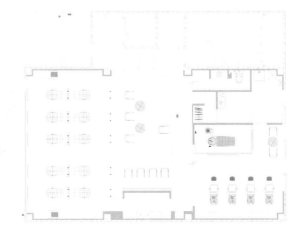

DESIGN MASAHIRO YOSHIDA | **EQUIPMENT** TAKARA BELMONT JAPAN

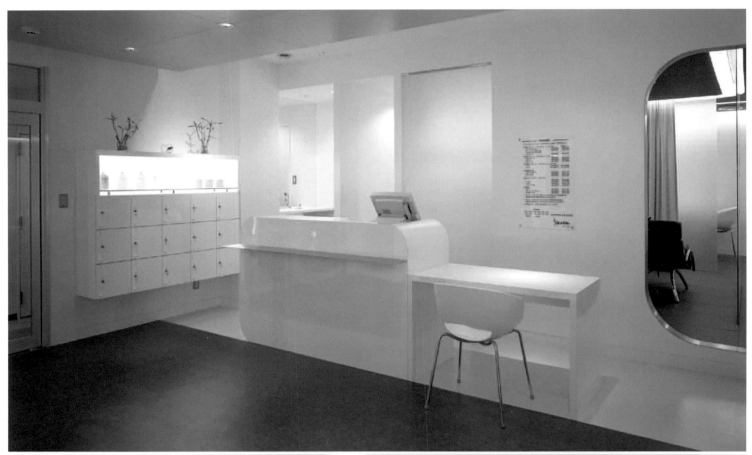

- A FROSTED GLASS WALL AND A CURTAIN PRO-
  VIDE EXTRA DISCRETION.

  LE MUR EN VERRE OPAQUE ET LE RIDEAU VIEN-
  NENT AJOUTER ENCORE PLUS D'INTIMITÉ.

  EEN MATGLAZEN WAND EN EEN GORDIJN ZOR-
  GEN VOOR EXTRA DISCRETIE.

TRIZIO
PARMA, ITALY

An historical Italian palazzo in the heart of Parma now houses "Trizio", the place for aesthetic refinement in both service and design. After a visit to Cosmoprof, the trade fair for beauty professionals, Rino Trizio's team decided to entrust the design to Excel. The materials, shapes and atmosphere correspond exactly with their tastes. The unique furniture immediately stands out in this sober space; soft, undefined forms combined with natural, unfinished materials such as steel. The counter and mirrors have varying metal finishes, the result of corrosion and oxidation. Such furniture as the traditionally made washbasin unit displays the same craftsmanship that this salon's services offer.

Un palais italien historique dans le centre de Parme abrite le salon "Trizio", un endroit où règne la subtilité esthétique du service comme du design. Après une visite à Cosmoprof, le salon des professionnels de l'esthétique, l'équipe de Rino Trizio a décidé de s'associer avec Excel. Les matériels, les formes et l'ambiance coïncident exactement avec leurs goûts. Dans ce local sobre, les meubles originaux attirent immédiatement l'attention; des formes douces et indéfinies se marient à des matériels naturels et bruts comme l'acier. Le présentoir et les miroirs présentent différentes finitions en métal, toutes issues de la corrosion et de l'oxydation. Le professionnalisme des services proposés par ce salon se reflète également dans des détails tels que les lave-tête faits à la main.

Een historisch Italiaans paleis in het hart van Parma herbergt "Trizio", dé plaats voor esthetisch raffinement, zowel wat betreft service als qua design. Na een bezoek aan Cosmoprof, de professionele beurs voor esthetiek, besloot het team van Rino Trizio in zee te gaan met Excel. De materialen, vormen en atmosfeer voldeden helemaal aan hun smaak. In deze sobere ruimte vallen de unieke meubelen meteen op; zachte, ongedefinieërde vormen gecombineerd met natuurlijke, onafgewerkte materialen zoals staal. De toog en spiegels hebben verschillende metaalafwerkingen, tot stand gekomen door corrosie en oxidatie. Meubels als de ambachtelijk gemaakte wastafel stralen het vakmanschap uit dat het salon ook aanbiedt in haar diensten.

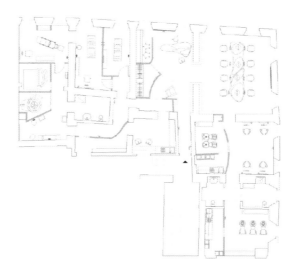

DESIGN NICOLA ANDREA FRIGNANI I **EQUIPMENT** EXCEL

- THE MOST STRIKING ELEMENTS IN THIS LIGHT AND
  SOBER SPACE ARE THE DARK ORGANIC SHAPES OF
  THE COUNTER AND THE STAIRCASE.

  DANS CET ESPACE SOBRE ET LUMINEUX SE DIS-
  TINGUENT PRINCIPALEMENT LES FORMES
  ORGANIQUES ET SOMBRES DU PRÉSENTOIR ET DE
  L'ESCALIER.

  IN DE SOBERE, LICHTE RUIMTE VALLEN VOORAL DE
  ORGANISCHE, DONKERE VORMEN OP VAN DE TOOG
  EN DE TRAP.

SERVILLES NEW MARKET
AUCKLAND, NEW ZEALAND

In the New Zealand city of Auckland, the designers David Howell and Steffani Aarons put together an international-looking salon: a touch of style from the four corners of the world. From the typically hospitable Japanese atmosphere to the European designs and materials. In the salon itself the various zones create different sensations. The ceiling is a wave of light and movement and was manufactured in Europe. The sophisticated look results from the contrast between wood, metal and stone. A lighting studio was also engaged to draw up a sophisticated lighting plan, evidence of which is found in the discreet, dimmed light behind the washbasins. The furniture is by the design guru Philippe Starck. The range of colours includes a soft tropical yellow that counteracts the cool grey tints of the stone walls.

A Auckland – Nouvelle Zélande – les designers David Howell et Steffani Aarons ont créé un salon résolument international avec des touches de styles en provenance de tous les continents : de l'ambiance accueillante typique du Japon aux dessins et matériaux européens. Le salon est divisé en plusieurs espaces évoquant chacun une atmosphère différente. Des contrastes entre bois, métal et pierre créent un aspect sophistiqué. C'est un bureau spécialisé qui a réalisé un projet d'éclairage ingénieux comme, par exemple, de discrètes lumières derrière les lavabos. Les meubles sont de Philippe Starck, gourou du design. L'éventail de couleurs comporte un jaune tropical doux qui équilibre le gris froid des murs de pierres.

In het Nieuw-Zeelandse Auckland zorgden designers David Howell en Steffani Aarons voor een internationaal ogend salon: een touch of style vanuit de verschillende werelddelen. Van de typische gastvrije Japanse atmosfeer, tot de Europese ontwerpen en materialen; in het salon roepen verschillende zones telkens een ander gevoel op. Het plafond is een golf van licht en beweging en is van Europese makelij. Contrasten van hout, metaal en steen moeten zorgen voor de gesofisticeerde look. Verder werd een lichtstudio ingehuurd die een uitgekiend lichtplan opstelde, een bewijs daarvan is het discrete, gedimde licht achter de wasbakken. De meubels zijn van de hand van designgoeroe Starck. In het kleurenpalet zien we zacht tropisch geel dat de koele grijze tinten van de stenen muren compenseert.

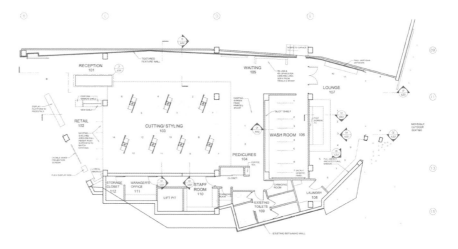

DESIGN PAUL SERVILLE, DAVID HOWELL AND STEFFANI AARONS | *EQUIPMENT* MALETTI

- THE MATERIALS AND COLOURS USED GIVE
  ALL THE ROOMS AN EXOTIC AND AIRY FEEL.

  LES MATÉRIELS ET LES COULEURS
  EMPLOYÉS CONFÈRENT À TOUS LES
  ESPACES UN TRAIT EXOTIQUE ET LÉGER.

  DE GEBRUIKTE MATERIALEN EN KLEUREN
  GEVEN ALLE RUIMTES EEN EXOTISCHE EN
  LUCHTIGE INDRUK.

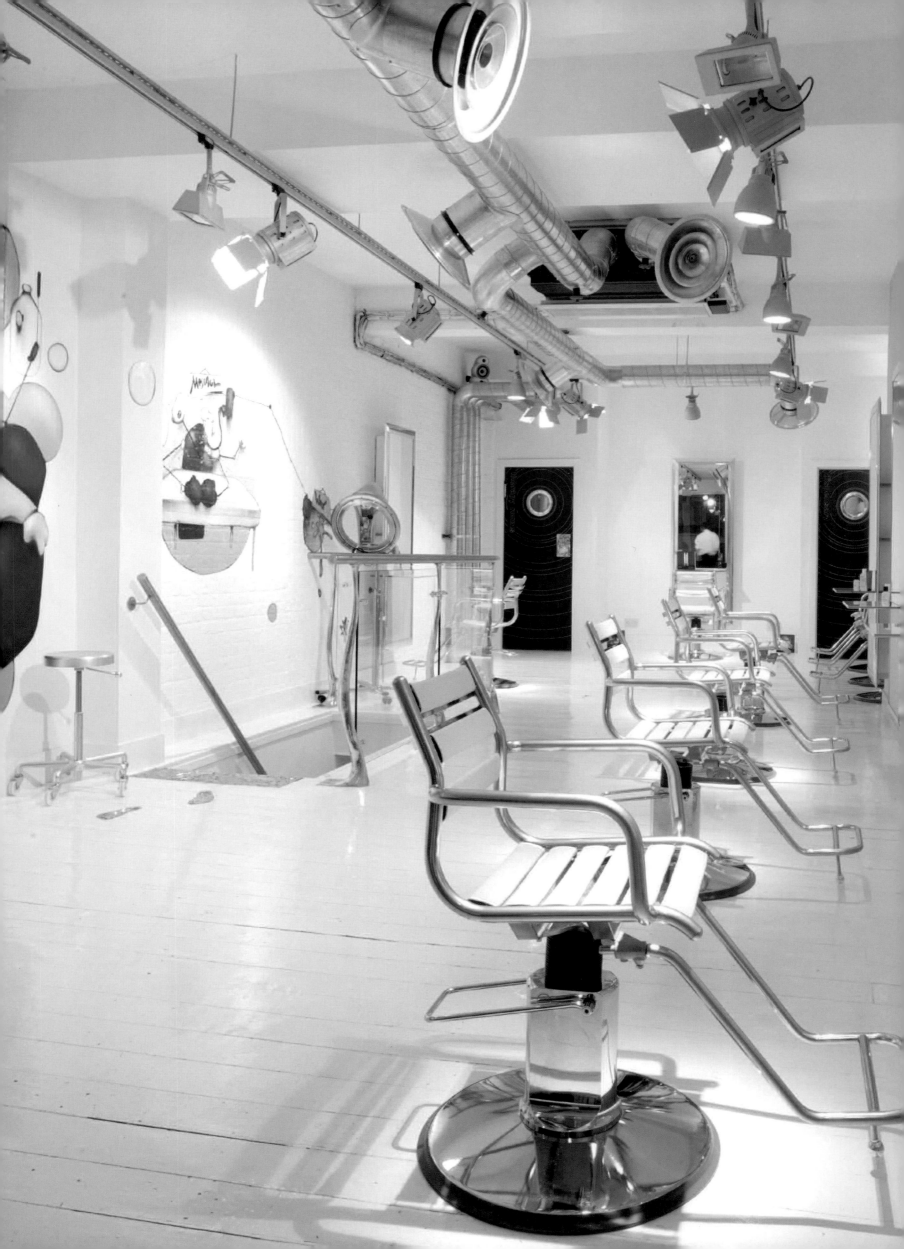

TRISTAN EVES
LONDON, UK

In the East End we come across the "Tristan Eves" salon, whose exceptionally professional air is created by all its details, its innovative style and its service. The interior is based on the colour white plus chrome elements, such as the white floorboards, the walls and the chrome ventilation pipes and details. The original lighting reminds us of the spots in film studios. But what really makes this place fun is its playful elements: imprints of hands in the tiled wall, footsteps in the stairs and a wall of comical graffiti with references to the various parts of the salon.

Dans l'East End se trouve le salon "Tristan Eves" qui, de par tous ses détails, son style innovateur et ses services donne une impression de grand professionnalisme. Le design intérieur repose sur l'alliance du blanc et du chrome : les lattes du plancher et les murs, par exemple, sont blancs tandis que les tuyaux d'aération et autres détails sont chromés. L'éclairage original ressemble à celui d'un studio d'enregistrement. Mais le plus plaisant dans cet endroit sont les éléments ludiques : empreintes de mains sur les carrelages des murs, traces de pas dans l'escalier et un amusant mur de graffitis évoquant les différentes parties du salon.

In de East End vinden we het salon "Tristan Eves", dat door alle details, de innoverende stijl en de service bijzonder professioneel aandoet. De inrichting steunt op de kleur wit met chromen elementen, zoals de witte planken van de vloer, de muren en de chromen verluchtingspijpen en details. De originele verlichting verwijst naar filmstudiospots. Wat deze zaak echt leuk maakt, zijn de speelse elementen: handdrukken in de tegelmuur, voetstappen in de trap en een grappige graffitimuur met verwijzingen naar de verschillende delen van het salon.

DESIGN TRISTAN EVES AND HALIL ISMAIL | *EQUIPMENT* TAKARA BELMONT UK

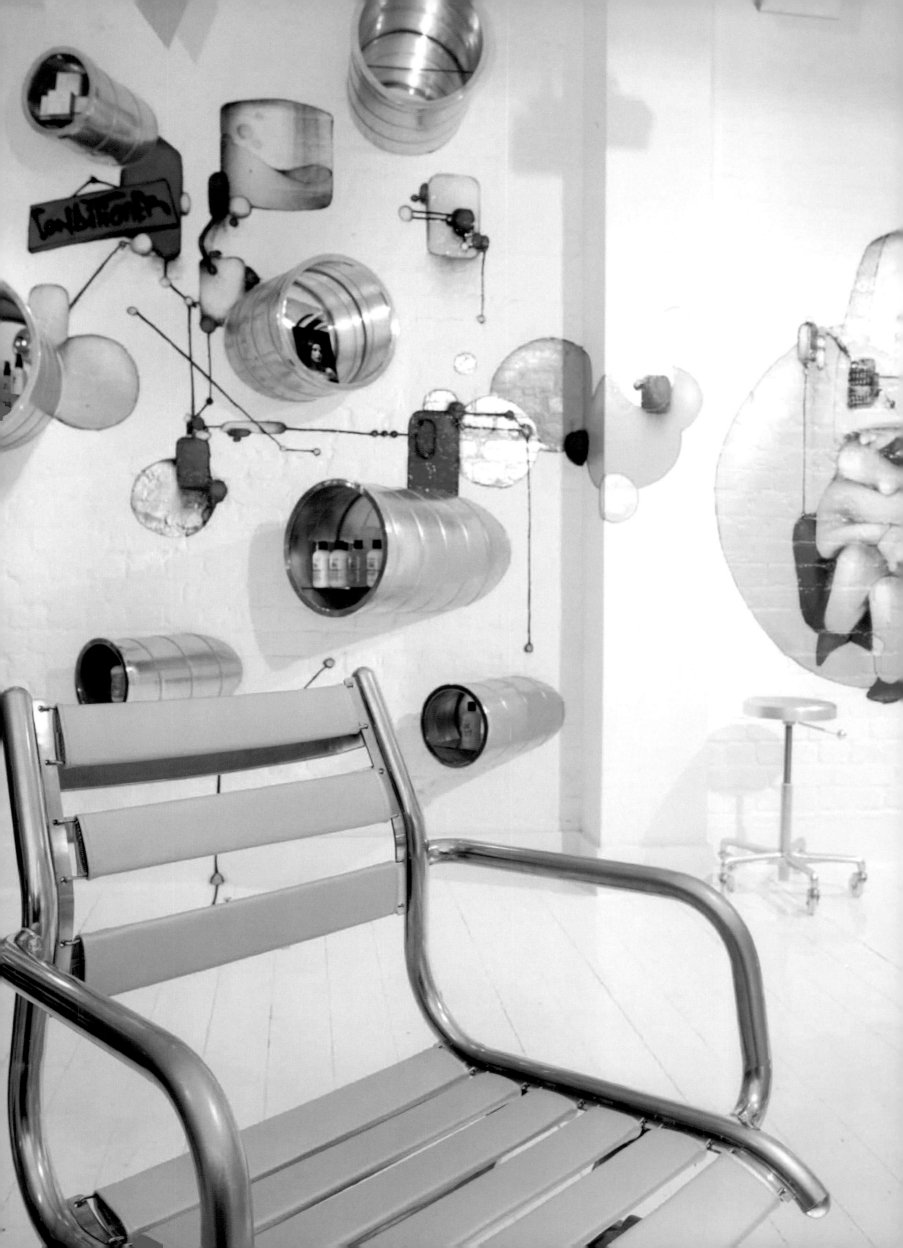

• THE GRAFFITI INSTALLATION IS ALSO A SALES DISPLAY AND IS IN
HANDSOME CONTRAST TO THE WHITE WOODEN FLOOR AND WALLS.

L'INSTALLATION EN GRAFFITIS FAIT OFFICE DE PRÉSENTOIR DE
VENTE ET FORME UN JOLI CONTRASTE AVEC LE BLANC DU SOL EN
BOIS ET DES MURS.

DE GRAFFITI-INSTALLATIE IS TEVENS EEN VERKOOPSDISPLAY EN
CONTRASTEERT MOOI MET DE WITTE PLANKENVLOER EN MUREN.

The footprint in the floor shows how a personal detail can enhance the whole.

L'empreinte de pied dans le sol prouve qu'un détail personnel peut renforcer l'ensemble.

De voetafdruk in de vloer geeft weer hoe een persoonlijk detail het geheel kan versterken.

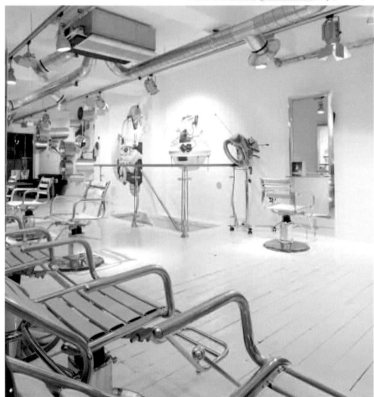

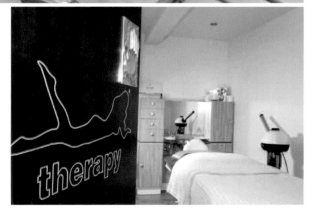

BARBA
GROOMING & SPA
AICHI, JAPAN

An exclusive hairdressers for men who appreciate luxury and service. In this room they are received at a cocktail bar with a sophisticated selection of jazz in the background. They are tended to in spaces that are visually screened off: the styling chair is in the middle of a space bounded by machine-abraded plastic sheeting. The abrasion means the sheets are no longer entirely transparent and they disperse a pleasant light. The separation of the spaces puts extra emphasis on each customer's individuality. In addition, the black floor, classic styling chairs and built-in Takara Belmont technology are intended to make these prosperous men feel completely at home.

Un salon exclusivement destiné aux hommes qui apprécient luxe et service. Ils sont accueillis à un bar à cocktails dans une douce musique d'ambiance de jazz. Les soins sont dispensés dans des espaces visuellement séparés : chaque coiffeuse se trouve au centre d'une petite pièce aux cloisons de méthacrylate rayé mécaniquement. Grâce à ses rayures, le méthacrylate perd de sa transparence et laisse filtrer une agréable lumière. La séparation des espaces permet à chaque client de se sentir seul. Finalement, le sol noir, les coiffeuses de facture classique et la technologie intégrée de Takara Belmont contribuent au confort et au bien-être des clients fortunés.

Een exclusief salon voor mannen die luxe en service weten te appreciëren. In deze ruimte worden ze ontvangen aan een cocktailtoog met op de achtergrond een uitgekiende selectie jazz muziek. De verzorging zelf gebeurt in visueel afgeschermde ruimtes: een kapstoel staat centraal in een volume van mechanisch bekraste acrylaatplaten. Door die bekrassing verliezen de platen een deel van hun transparantie en verspreiden ze een aangenaam licht. Door de aparte volumes wordt de individualiteit van de klant extra in de verf gezet. Verder moeten een zwarte vloer, klassieke kapstoelen en ingebouwde Takara Belmont technologie de welstellende mannen helemaal thuis doen voelen.

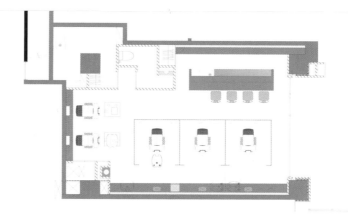

DESIGN YASUFUMI USUI | *EQUIPMENT* TAKARA BELMONT JAPAN

- THE INCONSPICUOUSLY BUILT-IN FLOOR UNITS
  FOR THE MOVABLE WASHBASINS MAKE FOR A
  RIGID AND MASCULINE LINEARITY.

  DISCRÈTEMENT ENCASTRÉES, LES UNITÉS DE SOL
  DESTINÉES AUX LAVE-TÊTE MOBILES CRÉENT UN
  JEU DE LIGNES SOBRE ET MASCULIN.

  DE ONOPVALLEND INGEBOUWDE VLOERUNITS
  VOOR DE VERPLAATSBARE WASBAKKEN ZORGEN
  VOOR EEN STRAK MANNELIJK LIJNENSPEL.

WAKKO
BRUSSELS, BELGIUM

The same description applies to both Peter Platel - the owner of Wakko - and his salon: Flamboyant and androgynous, ranging from psychedelic to extravagant. The owner's personality is reflected perfectly in the decor: crazy characters adorn the walls and act as a focal point and source of inspiration. The colours in the drawings form the basis for the six colours of the walls. This makes for a daring combination of red, orange, magenta and azure, turquoise and lemon-yellow. The miscellany of old barber's chairs gives a comfortable and open atmosphere. In this cult salon, nothing is obligatory and anything is possible.

Tout ce qui caractérise Peter Platel, propriétaire de Wakko, vaut pour son salon de coiffure : exubérant et androgyne, déjanté et extravagant. La personnalité du propriétaire transparaît dans tout le décor : des personnages bizarres peuplent les murs, servant de point de mire et de source d'inspiration. Les couleurs des dessins sont à l'origine des six teintes utilisées sur les murs. Ainsi se mélangent avec audace le rouge, l'orange, le fuchsia, le bleu ciel, le turquoise et le jaune citron. Les fauteuils de barbier anciens créent une ambiance où l'on se sent à l'aise. Rien n'est obligatoire, tout est possible chez Wakko, salon culte.

Wat je over Peter Platel – eigenaar van Wakko – kan zeggen, gaat ook op voor zijn kapsalon: flamboyant en androgyn, van psychedelisch tot extravagant. De persoonlijkheid van de eigenaar wordt compleet gereflecteerd in het decor: waanzinnige personages sieren de muren en dienen als focuspunt en inspiratiebron. De kleuren van de tekeringen vormen de basis voor de zes kleuren die gebruikt werden voor de muren. Zo ontstond een gewaagde combinatie van rood, oranje en fuchsia en van hemelsblauw, turkoois en citroengeel. De mengeling van oude barbierstoelen zorgen voor een comfortabele en open sfeer. Niks moet, alles kan in dit Wakko cultsalon.

DESIGN BERNARD CHARLIER & PETER PLATEL | *EQUIPMENT* JJ MAES

- THE BOLD COMBINATION OF TINTS AND
  MOTIFS CONTRIBUTES TO WAKKO'S
  EXTRAVAGANCE.

  LA COMBINAISON AUDACIEUSE DE
  COULEURS ET DE DESSINS VIENT AJOUTER
  DE L'EXTRAVAGANCE AU SALON WAKKO.

  DE GEDURFDE COMBINATIE VAN TINTEN EN
  TEKENINGEN DRAAGT BIJ TOT DE EXTRAVA-
  GANTIE VAN WAKKO.

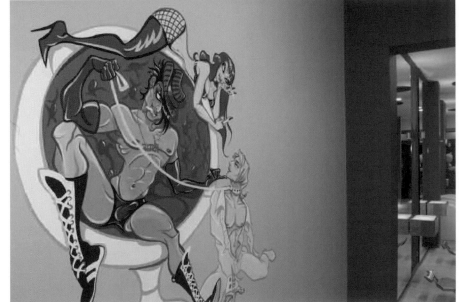

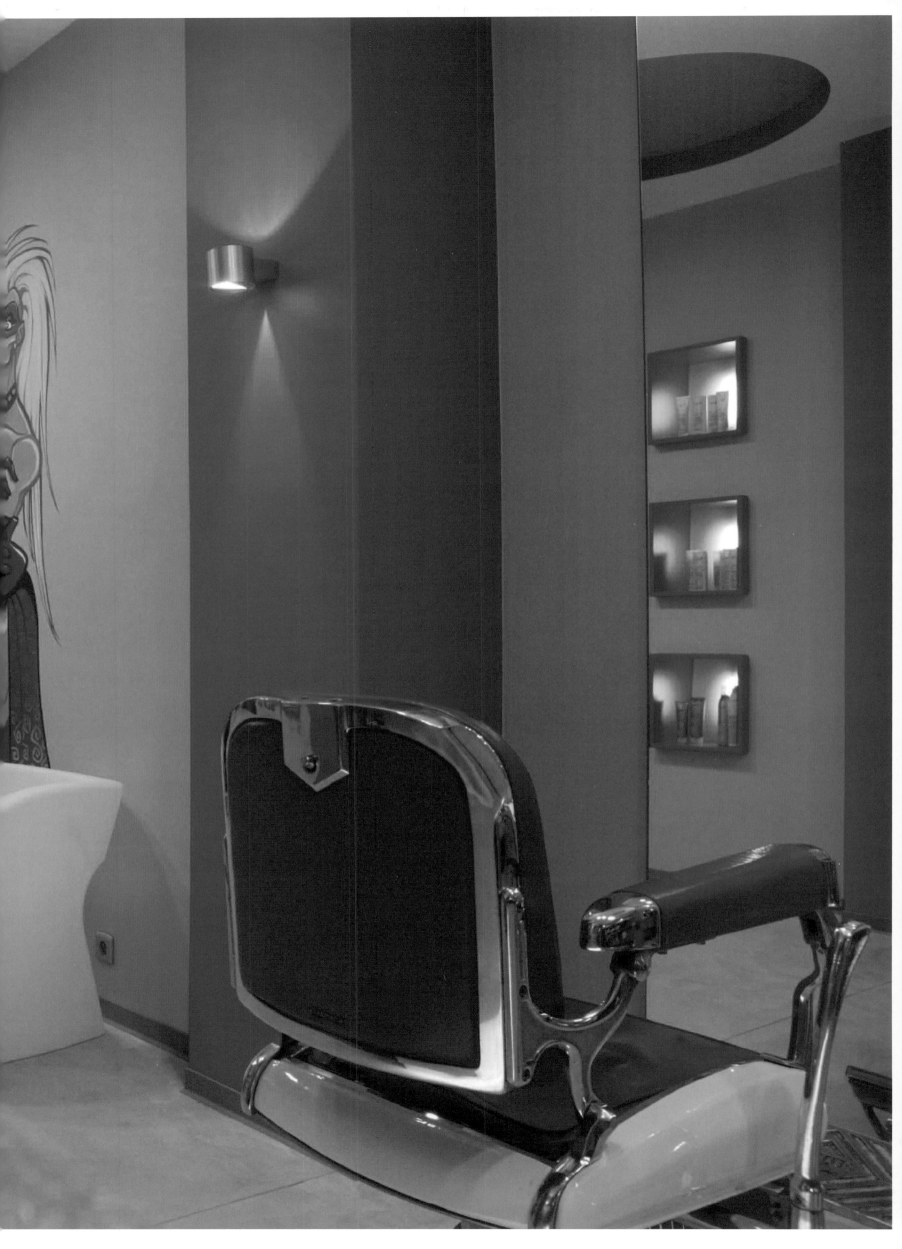

STEPHAN FURRER
LUCERNE, SWITZERLAND

Stephan Furrer's salon is one of the favourites of the Luzern art and music scene. And it was indeed the architect Luca Deon's intention to here give shape to new bold and original ideas so it would be a unique experience for its customers. The most important thing was to give them the sense of water and calm, which was achieved by using special materials and an interplay of round and angular forms. Calming blue tints, curved walls of hanging cords between the chairs and a glass water-wall with the sound of water in the background. The design is rounded off by a subtle play of light, including even LED lighting in the freestanding mirrors.

Le salon de Stephan Furrer est l'un des favoris dans le petit monde de l'art et de la musique de Lucerne. Ce n'est pas un hasard si l'architecte Luca Deon voulait donner forme dans ce salon à des idées nouvelles, audacieuses et originales, pour en faire une expérience unique pour les clients. Son principal objectif était de leur transmettre une sensation d'eau et de tranquillité moyennant l'emploi de matériaux spéciaux et la juxtaposition de formes sinueuses et à angles droits. Il a eu recours à différentes tonalités apaisantes de bleu, des fils courbés destinés à séparer les différentes stations et un mur d'eau entre deux feuilles de verre, complété par une musique aquatique de fond. Un jeu subtil de lumières, des points lumineux sur les grands miroirs, complète ce design.

In de Luzernse kunst- en muziekwereld is het salon van Stephan Furrer één van de favorieten. Architect Luca Deons bedoeling was dan ook om nieuwe gedurfde en originele ideeën vorm te geven in dit salon, zodat het een unieke ervaring voor klanten zou worden. Het meest belangrijke was de klanten een gevoel van water en rust te geven, door het gebruik van speciale materialen en een samenspel van ronde vormen en hoeken. Meer specifiek blauwe rustgevende tinten, touwtjes als gebogen scheidingwanden tussen de plaatsen en een glazen watermuur vergezeld van watergeluiden op de achtergrond. Een subtiel spel van licht, zelfs met LED-verlichting in de staande spiegels maakt het design volledig.

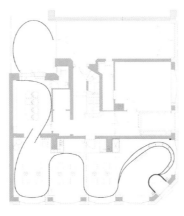

DESIGN LUCA DEON | *EQUIPMENT* MALETTI / ODERMATT

- INTERACTING WITH THE INDIRECT LIGHTING, THE CURVED WALLS OF WHITE CORDS CREATE THE ILLUSION OF RAIN.

  LE JEU DES MURS ARRONDIS EN FILS BLANCS ET L'ÉCLAIRAGE INDIRECT CRÉE UNE ILLUSION DE PLUIE.

  DE GEBOGEN WITTE TOUWTJESWANDEN CREËREN DE ILLUSIE VAN REGEN IN SAMEN-SPEL MET DE INDIRECTE VERLICHTING.

HAIR FACTORY
GEETBETS, BELGIUM

For those who like the industrial loft style, "Hair Factory" is a gem not to be missed. It is an open plan salon with the styling units and chairs in the middle. This central arrangement is emphasised by the long skylight and by lowering the ceiling at certain points using steel decking. Galvanised girders are installed here and there throughout the premises, which accentuates its industrial character. A glass wall means the sense of space can be retained. To mitigate the cold, industrial feel, a bold colour "orange" was chosen for the 'cubist' chairs. The walls themselves were given a youthful look with occasional graffiti.

Pour les amateurs du style industriel des lofts, "Hair Factory" est une perle à ne pas manquer. Le choix s'est porté sur un espace ouvert, avec les chaises et les coiffeuses regroupées au centre. Cet aménagement a été souligné par des lumières centrales disposées en ligne et un plafond surbaissé par endroits avec des panneaux d'acier Steel Deck. Dans tout le local, on a utilisé des profils galvanisés en «I» qui en accentuent le caractère industriel. Une paroi de verre donne une sensation d'espace. Pour contraster avec l'atmosphère industrielle et froide, les sièges d'allure cubiste ont été habillés d'un orange vif et osé. De leur côté, des graffitis égayent les murs.

Voor wie houdt van de industriële loftstijl is "Hair Factory" een niet te missen parel. Het werd een open plan kapsalon met een centrale opstelling van de kaptafels en stoelen. Dit alles wordt versterkt door de centrale lichtstraat en door op bepaalde plekken het plafond te verlagen in steeldeck. Doorheen het hele pand zien we het gebruik van gegalvaniseerde I-profielen, die het industriële karakter extra benadrukken. Door het gebruik van een glazen muur werd het ruimtegevoel behouden. Om de koude, industriële sfeer te doorbreken, werd voor de kubistische stoelen een gedurfde kleur gekozen: oranje. De muren zelf werden jeugdiger gemaakt door het lokaal aanbrengen van graffiti.

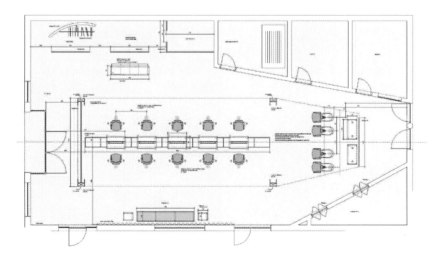

DESIGN ALEX VEREECKEN | **EQUIPMENT** PAC

- THIS STRIKING ORANGE APPEARS IN THE UPHOLSTERY OF THE STYLING AND
  WASHING CHAIRS AND IN THE GRAFFITI.

  L'ORANGE CRIARD SE RÉPÈTE SUR LA TAPISSERIE DES FAUTEUILS DE COUPE
  ET DE LAVAGE, AINSI QUE SUR LES GRAFFITIS.

  HET OPVALLENDE ORANJE KOMT VOOR IN DE BEKLEDING VAN DE KAPPERS- EN
  WASSTOELEN EN IN DE GRAFFITI.

BAGZY
HOSPITALITY WORLD
FUKUOKA, JAPAN

When you choose a theme you must be consistent. They certainly understood this at "Bagzy" in Japan. The owner had no doubts about creating the atmosphere of a tropical resort. He drew his inspiration from the island paradise of Bali. To achieve it, a great many authentic materials were chosen: from walls clad in clay or real Balinese stone to furniture all in tropical hardwood. Behind the mirrors stand luxuriant tropical plants, hiding behind gauze curtains. The special lighting with spots gives the whole room a sultry atmosphere. But the real eye-catchers are the two-metre-long aquarium near the washbasins and the relaxing splashing of the waterfall.

Un design thématique se doit d'être conséquent : on l'a bien compris chez "Bagzy" au Japon. Le propriétaire a résolument choisi une ambiance de resort tropical inspiré de la paradisiaque Bali. De fait, les matériaux sont d'origine : depuis les murs couverts d'argile et de pierres authentiquement balinaises, jusqu'aux meubles en bois tropicaux. A moitié dissimulées par des voilages, des plantes tropicales luxuriantes dépassent des miroirs. L'éclairage ponctuel par spots confère à l'ensemble une atmosphère sensuelle. Mais ce qui attire le plus l'attention est l'aquarium de deux mètres de large à hauteur des bacs de lavage ainsi que la cascade et son murmure reposant.

Met een thema moet je steeds consequent zijn. Dat hebben ze bij het Japanse "Bagzy" goed begrepen. De eigenaar koos resoluut voor een tropische resort sfeer. Zijn inspiratie vond hij in het paradijselijke Bali. Er werd dan ook gekozen voor heel wat authentieke materialen: gaande van de muren die bezet zijn met leem of met echte Balinese steen, tot meubels in tropisch hardhout. Achter de spiegels staan weelderige tropische planten, verscholen achter voile gordijnen. Door de specifieke spotverlichting krijgt de hele ruimte een zwoele sfeer. Blikvangers zijn evenwel het twee meter brede aquarium ter hoogte van de wasbakken en de klaterende waterval met relaxerend effect.

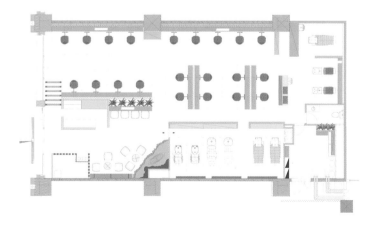

DESIGN MASAKI YOSHIOKA | **EQUIPMENT** TAKARA BELMONT JAPAN

● A ROCKY WATERFALL AND FURNITURE IN NATIVE TROPICAL WOOD GIVE
THIS SALON AN EXOTIC LOOK.

GRÂCE À LA CASCADE DE ROCHE ET AUX MEUBLES EN BOIS TROPICAL,
CE SALON REVÊT UN CARACTÈRE EXOTIQUE.

EEN ROTSWATERVAL EN MEUBELS UIT INHEEMS TROPISCH HOUT
GEVEN DIT SALON EEN EXOTISCHE LOOK.

MAISON ROGER
ROYAL CABINET
BRUSSELS, BELGIUM

The small "Royal Cabinet" lies hidden in the mysteriously concealed "Maison Roger" on Louisalaan in Brussels. It was made into a highly discrete place well away from the view of unwelcome passers-by. A place that complies perfectly with the wishes of the 'Royal Customer'. This is well illustrated by the extremely comfortable Maxim chair by Takara Belmont and the washbasin concealed in a walnut cabinet. The owner Alain Denis had an abundant list of wishes for its design: a sense of privacy and plenty of indirect light in the ceiling and behind the mirrors. And the mirrors had to reflect the side-view of the customer too. It was Bernard Charlier, of JJ Maes, who added the warm colours and so created the intimate atmosphere. The banded decoration of the walls of this small salon give a larger and more spacious feel.

Mystérieusement caché dans la "Maison Roger" – avenue Louise à Bruxelles – se trouve le petit "Cabinet Royal". Il s'agit d'un espace extrêmement discret, invisible aux yeux des indésirables. Un endroit qui comble les vœux de ses clients. Un exemple en est l'ultra confortable fauteuil Maxim de Takara Belmont et le bac de lavage dissimulé dans une armoire en noyer. Pour la décoration, le propriétaire Alain Denis a imposé une longue liste d'exigences : une ambiance de club privé, beaucoup de lumière indirecte au plafond et derrière les miroirs dans lesquels le client doit se voir aussi de profil. Bernard Charlier – de JJ Maes – a ajouté les couleurs chaudes pour créer un climat d'intimité. Des effets de lignes donnent une sensation d'espace plus vaste dans ce petit salon.

Mysterieus verborgen in het "Maison Roger" aan de Louisalaan in Brussel, schuilt het kleine "Royal Cabinet". Het werd een uiterst discrete ruimte onttrokken aan het zicht van ongewenste voorbijgangers. Een plek die perfect voldoet aan de wensen van de Koninklijke Klant. Dit alles wordt geïllustreerd door de uiterst comfortabele Maxim-stoel van Takara Belmont en de wasbak die verborgen zit in een kast van notelaar. Voor de inrichting had eigenaar Alain Denis een royale lijst wensen : een private sfeer, veel indirect licht in het plafond en achter de spiegels. Spiegels die trouwens ook de zijkanten van de klant moesten weerspiegelen. Het was Bernard Charlier, van JJ Maes, die daar nog de warme kleuren aan toevoegde en zo zorgde voor een intieme sfeer. De streepeffecten in dit kleine salon zorgen voor een ruimer en groter gevoel.

DESIGN BERNARD CHARLIER | *EQUIPMENT* JJ MAES

YOUNES EID
BEYROUTH, LIBANON

This trendy hairdresser's in Beirut offers customers who are used to luxury value for their money. The stylish white counter is used both as a cash desk and as a place to give advice and consult the Internet. This high room is sliced through the middle by a staircase leading to the mezzanine. The walls are finished in cement paint with a cloud effect, and variation is provided by black and white photos and flashing LCD screens. Gleaming polished stone was used for the floor, not really the easy solution but an extraordinary success aesthetically. At the washbasins we come across Maletti massage seats alongside the austere furniture by Starck. Both are upholstered in dark-grey leatherette that perfectly matches the walls.

A Beyrouth, ce moderne salon de coiffure s'adresse à une clientèle qui apprécie le luxe. L'élégant comptoir blanc sert à la fois de caisse, de coin conseil et Internet. L'espace supérieur est divisé par l'escalier conduisant à la mezzanine. Les murs sont recouverts d'une peinture ciment travaillée pour donner un effet de nuages et sont décorés de photos en noir et blanc ainsi que de brillants écrans LCD. Au sol, de la pierre naturelle polie et luisante, une solution peu évidente mais d'une esthétique certaine. Devant les bacs de lavage, on retrouve les fauteuils de massage de Maletti aux cotés des sobres meubles de Starck. Les uns comme les autres sont recouverts d'un skaï gris foncé qui se marie parfaitement avec les murs.

Dit trendy kapsalon in Beiroet biedt de klant die gesteld is op luxe waar voor zijn of haar geld. De stijlvolle witte toog wordt zowel gebruikt als kassa, advieshoek en internet-corner. De hoge ruimte wordt doormidden gekliefd door een trap die naar de mezzanine leidt. De muren zijn afgewerkt in een cementverf met wolkeffect en worden onderbroken door zwart wit foto's en flitsende LCD-schermen. Voor de vloer werd gebruik gemaakt van blinkend gepolijste natuursteen, een niet zo makkelijke oplossing maar esthetisch bijzonder geslaagd. Bij de wasbakken vinden we de massagestoelen van Maletti terug, naast de strakke meubels van Starck. Beide werden uitgevoerd in donker-grijze skaï die perfect bij de muren past.

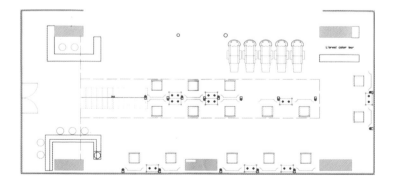

DESIGN AAL SHAMMAA | *EQUIPMENT* MALETTI

- The bar stools make for a relaxed atmosphere
  at the counter, which serves as cash desk,
  advisor's desk, internet area and bar.

  Les tabourets du comptoir, qui fait également
  office de caisse, de table de lecture, de coin
  Internet et de bar, invitent à la détente.

  De barkrukken zorgen voor een ontspannen
  gevoel aan de toog, die dienst doet als kassa,
  adviespunt, internetruimte en bar.

ADDICTION
HERTFORDSHIRE, UK

In Watford, the designer Matthew Hilton created an interior inspired by airliners. "Addiction" is proud of always introducing the latest trends in hairstyling, a concept very much to the taste of the fashion-conscious, club-going teenagers and twenty-somethings who frequent this salon. The rounded ceiling, top-lighting, floor spots and numbered seats all give it an airline feel. The individual passenger seats each have a minibar (with 18 hip drinks) and a magazine-holder. So no one need leave their seat in the course of the 'flight'. To avoid its looking too clinical, the seats were given intense colours. The sense here is of a pre-club setting, with a funky interior, free drinks, late opening hours and young and trendy customers.

À Watford, le designer Matthew Hilton a créé un intérieur inspiré du monde de l'aviation. "Addiction" se flatte d'être toujours à la pointe des dernières tendances en matière de coiffure : il s'agit d'un concept très apprécié de ses clients jeunes, modernes, assidus des discothèques. Le plafond arrondi, les éclairages, les spots dans le sol, les coiffeuses numérotées, créent une ambiance d'avion en vol. Les fauteuils individuels des «passagers» sont équipés de minibars (garnis de 18 boissons «dans le vent») et d'un porte-revues. Personne n'a donc besoin de se lever pendant la «durée du vol». Afin d'éviter un aspect par trop aseptisé, les chaises sont de couleurs vives. Le résultat est une ambiance de pré-discothèque grâce à la décoration déjantée, aux boissons gratuites, aux horaires nocturnes et à la clientèle jeune et branchée.

n Watford creëerde designer Matthew Hilton een interieur geïnspireerd op vliegtuigen. "Addiction" gaat er prat op steeds de nieuwste trends op haarvlak uit te voeren, een concept dat zeer gesmaakt wordt door de fashion en clubbing tieners en twintigers die het salon bezoeken. Het afgeronde plafond, de plafondverlichting, de vloerspots en de genummerde stylingplaatsen geven allemaal een luchtvaartgevoel. De individuele 'passagiersplaatsen' zijn voorzien van een minibar (18 hippe drankjes) en een magazinehouder. Zo hoeft niemand zijn of haar plaats te verlaten tijdens de 'vlucht'. Om een te klinische look te vermijden, kregen de stoelen meer hevige kleuren. Eigenlijk heerst hier een pre-club gevoel, met het funky interieur, de gratis drankjes, de late openingstijden en de jonge trendy bezoekers.

DESIGN MATTHEW HILTON I *EQUIPMENT* TAKARA BELMONT UK

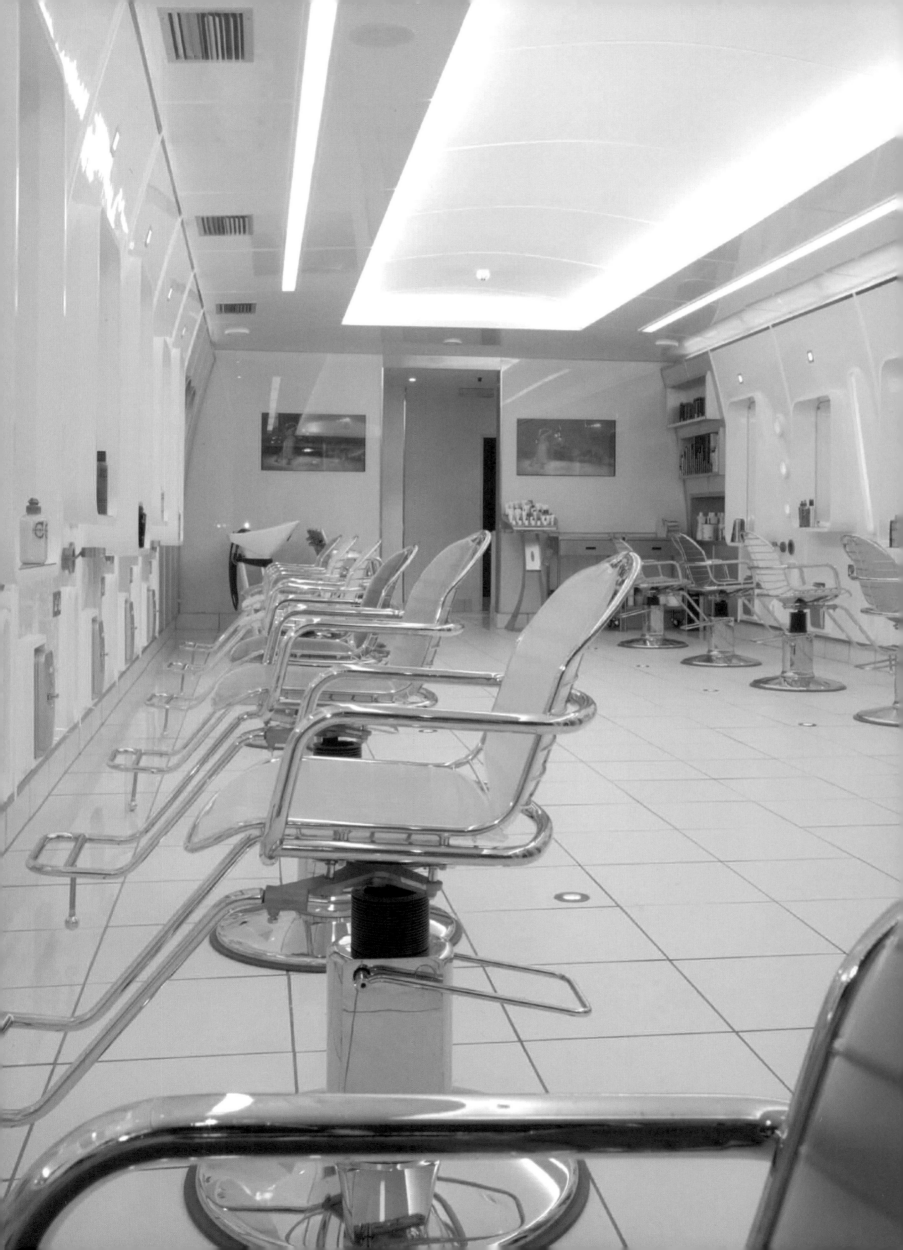

• The colours of the styling chairs and the
products set off the clinical white interior.

La teinte des fauteuils et des produits rompt
l'aspect stérile de l'intérieur blanc.

De kleuren van de kappersstoelen en de producten
doorbreken het klinisch witte interieur.

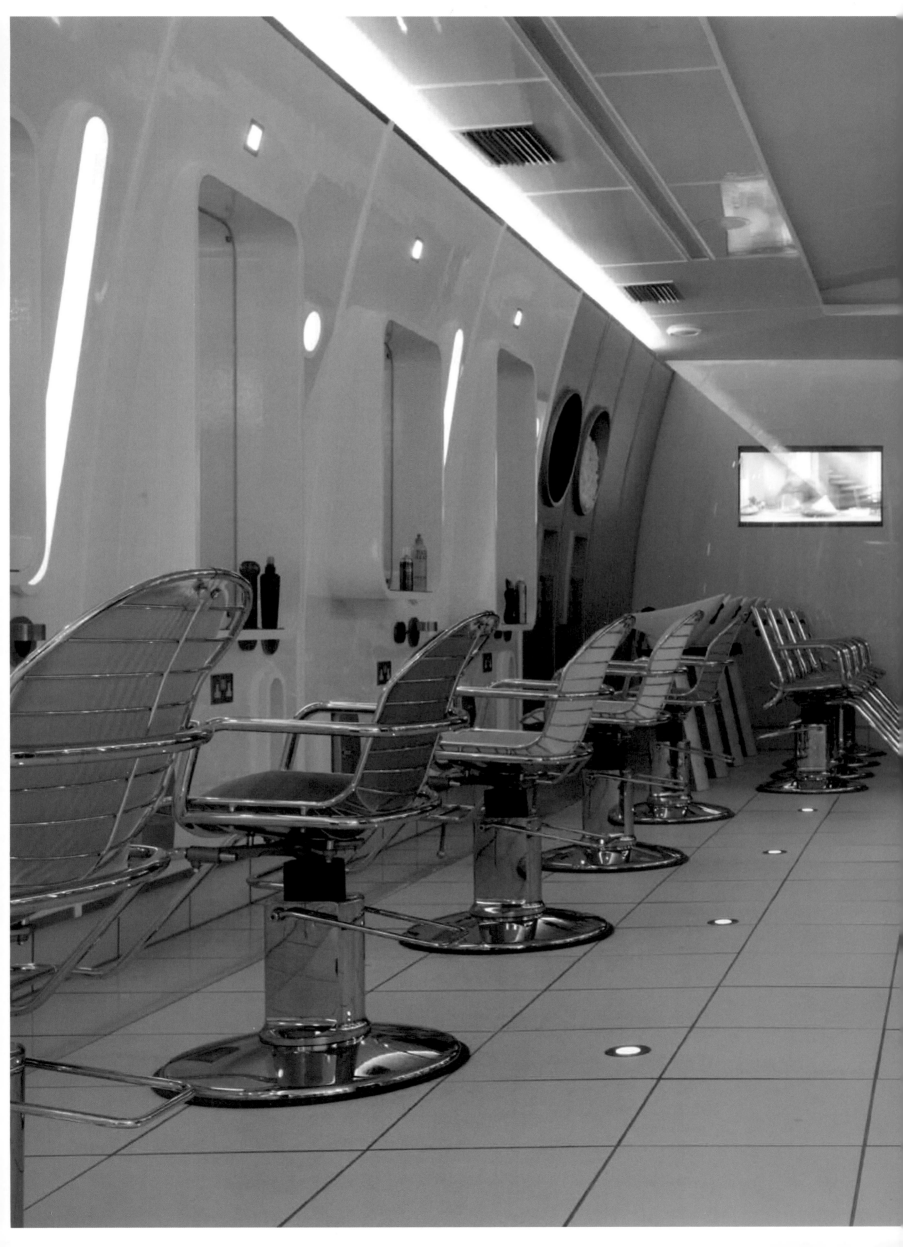

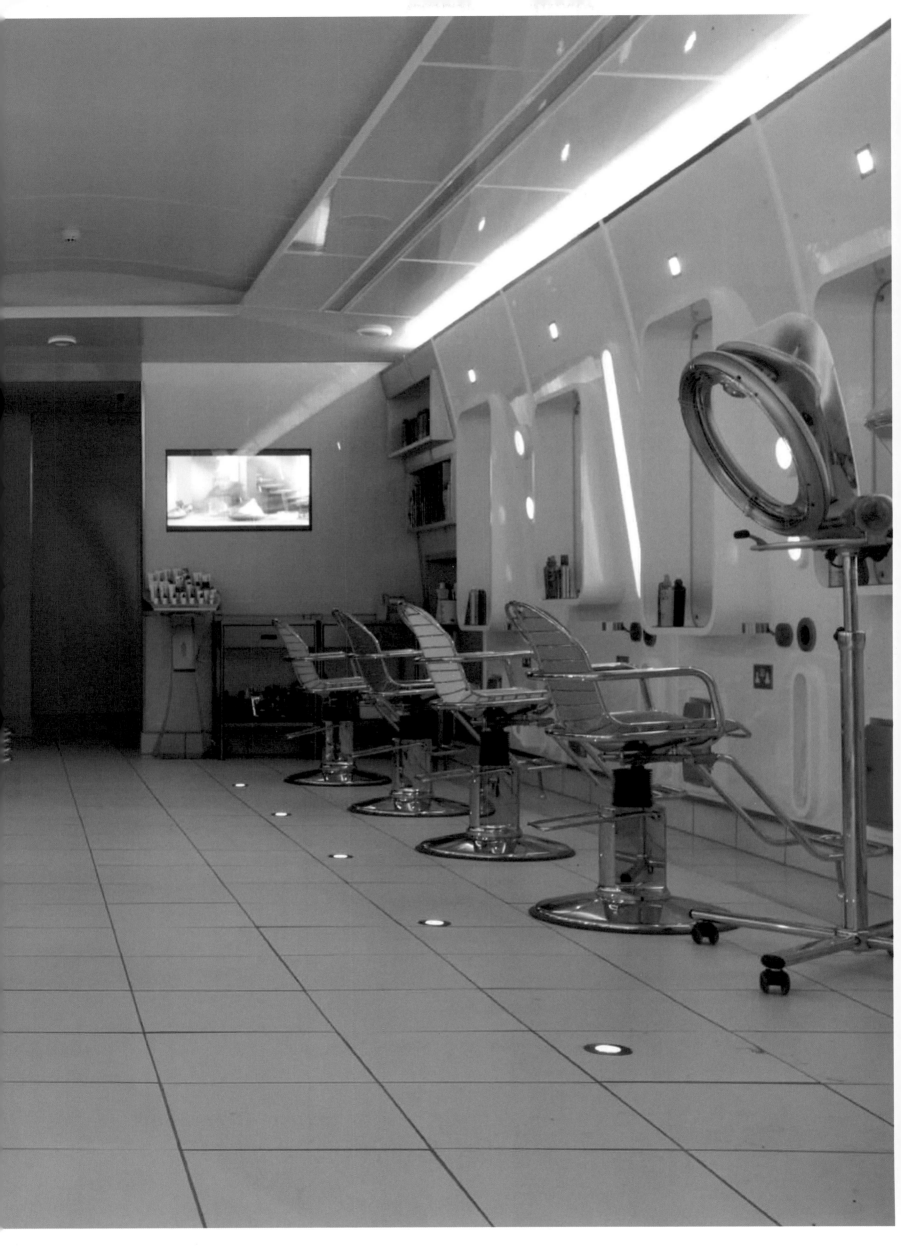

WHITE & BLACK
CHARLEROI, BELGIUM

In some cases, the personality of the customer can also contribute to the final result. This is clearly the case at Maryline Mendez' "White & Black" salon. It is a mixture of styles, from urban to vintage, plus futuristic elements, and also a counter and metallic-painted MDF mirrors in the style of the seventies. The brick wall behind the counter was sprayed silver. The prizewinning P PE lamps by Artemide provide a winding play of light and a touch of design. The spherical seats in the waiting area are by Domingo and the dark styling chairs by the German Greiner.

Parfois, la personnalité du client façonne le résultat final. C'est clairement le cas chez "White & Black" de Maryine Mendez. Le design de ce salon provient d'un mélange de styles : d'urbain à ancien. Un concept très hétérogène, avec des éléments futuristes, mais aussi avec un comptoir des années 70 de même que les miroirs en MDF métallisés et laqués. Le mur de briques derrière le comptoir est peint en argent. Les lampes primées «Pipe» d'Artemide diffusent un jeu de lumières sinueuses et apportent une touche design. Dans la salle d'attente, les fauteuils en forme de boules blanches sont de Domingo et les sièges foncés des coiffeuses portent la marque allemande Greiner.

Soms kan ook de persoonlijkheid van de klant bijdragen tot het eindresultaat. Dat is duidelijk het geval bij "White & Black" van Maryline Mendez. Het salon werd een mengeling van stijlen: van urban tot vintage. Een heel mixed ontwerp dus met futuristische elementen, maar ook met een jaren '70 toog en dito spiegels in MDF en metaallak. Achter de toog werd de bakstenen muur zilverkleurig gespoten. De gelauwerde 'PIPE'-lampen van Artemide zorgen voor een kronkelend lichtspel en een designtoets. De witte bolle wachtzetels zijn van Domingo en de donkere kapstoelen zijn van het Duitse Greiner.

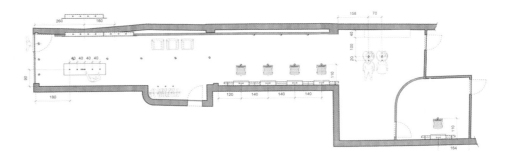

DESIGN BERNARD CHARLIER | *EQUIPMENT* JJ MAES

• The cool grey metallic finish of the counter, the mirrors and the brick wall add a touch of funkiness.

La touche funky a été obtenue par le gris froid métallique du comptoir, des miroirs et du mur de briques.

Het koelgrijze metallic van de toog, de spiegels en de bakstenen muur zorgt voor een funky toets.

FIT
KANAGAWA, JAPAN

Where the River Tanmachi once flowed, all we now see is a concrete motorway. The intention behind the "Fit" salon in the city of Yokohama is to keep the memory of the river alive and so it took water as its source of inspiration. The white-stained wooden structure in the middle supports three huge water droplets in which we see the customers reflected. "Fit" is a relatively small salon, but its completely mirrored wall visually doubles the space. The white tints are alternated with blue accents and give the salon a relaxed atmosphere. The rest of the interior is kept exceedingly sober and single-coloured, which brings the building's industrial nature more to the fore.

Où autrefois coulait la rivière Tanmachi, on ne voit plus qu'une route bétonnée. Le salon de coiffure "Fit" à Yokohama voulait conserver le souvenir de la rivière et c'est pourquoi le thème de l'eau en est la source d'inspiration. La structure centrale de bois peint en blanc supporte trois énormes gouttes d'eau dans lesquelles les clients peuvent se voir reflétés. "Fit" est un salon assez petit qui double son espace grâce à un mur recouvert de miroirs. Les nuances de blanc alternent avec des camaïeux de bleus pour inciter à la détente. Le reste de la décoration est très sobre et neutre afin de mieux faire ressortir le caractère industriel du bâtiment.

Waar vroeger de rivier Tanmachi stroomde, zien we nu enkel nog een betonnen snelweg. Het kapsalon "Fit" in de stad Yokohama wou de herinnering aan de rivier levendig houden en gebruikte het water als inspiratiebron. De centrale, witgebeitste houten structuur draagt drie grote waterdruppels. In de druppels zien we de weerspiegeling van de klanten. "Fit" is een relatief klein salon, dat dankzij een volledige spiegelwand visueel verdubbelt in ruimte. De witte tinten worden afgewisseld met blauwe accenten en geven het salon een relaxte uitstraling. De rest van de inrichting is uiterst sober en monotoon gehouden, hierdoor komt het industriële karakter van het gebouw beter tot haar recht.

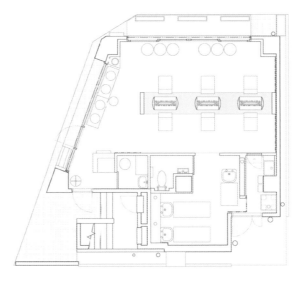

DESIGN AKEMI KATSUNO & TAKASHI YAGI I **EQUIPMENT** OOHIRO

● A MIRRORED WALL DOUBLES THE SPACE, WHICH
IS DEFINED BY THE COLOURS WHITE AND BLUE.

L'ESPACE, OÙ PRÉDOMINE LE BLANC ET LE BLEU,
SE MULTIPLIE SUR LE MUR DE MIROIRS.

EEN SPIEGELWAND VERDUBBELT DE RUIMTE, DIE
GETYPEERD WORDT DOOR DE KLEUREN WIT EN
BLAUW.

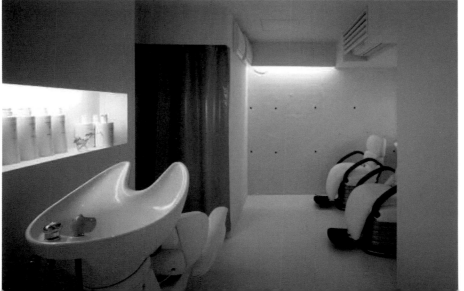

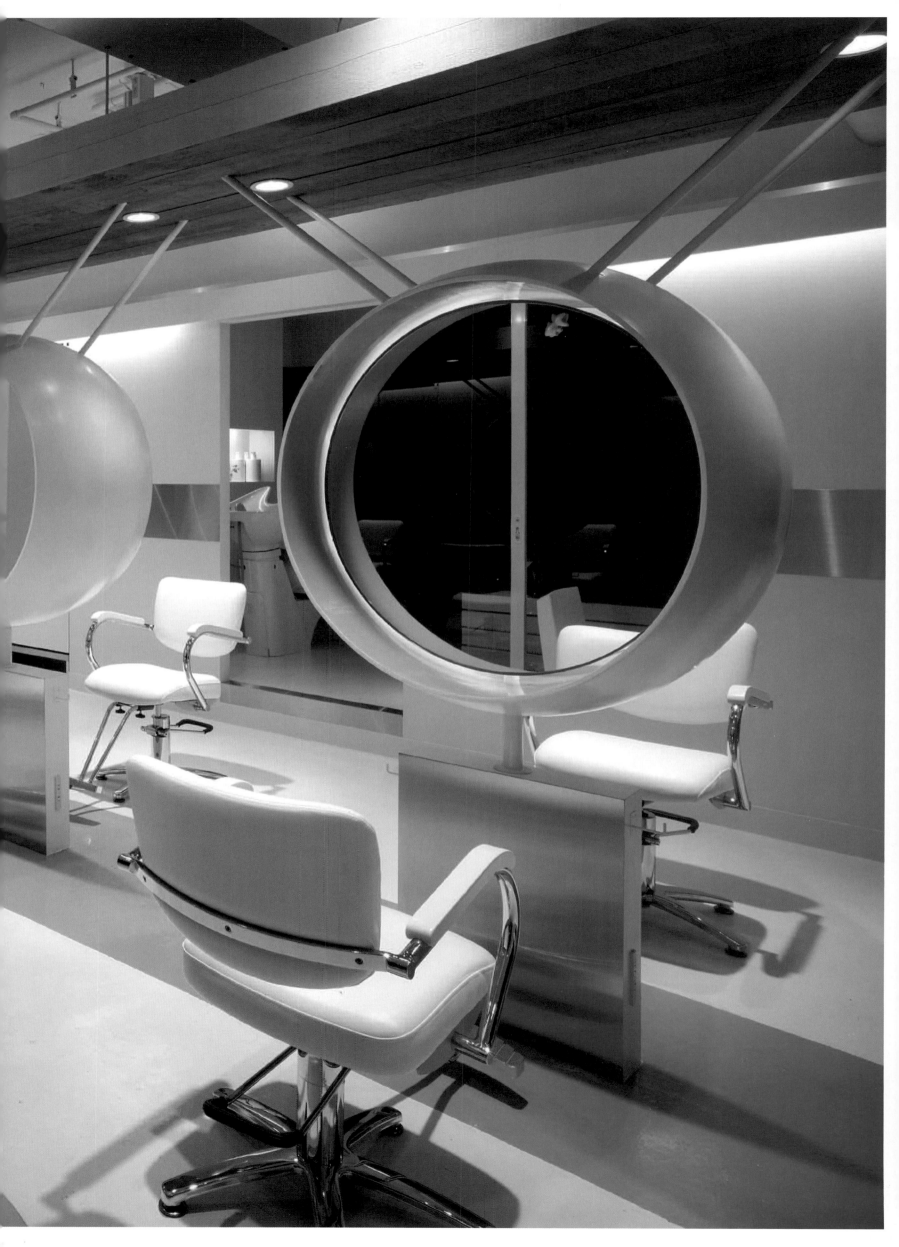

CYBERSALON

AMSTERDAM, THE NETHERLANDS

After a few years in this sector, Angela Ritsken eagerly grasped the opportunity to move higher up and to become a source of inspiration for others. She opted for an austere avant-garde design. Its clinical whiteness sometimes makes it hard for customers to cross the threshold, but its progressive style and minimalism together make up a well-thought-out concept. Hairdressing salon, manicurist's and beauty shop meet under a single roof, and this is an advancing trend. But five years ago, when it opened, it was unique. The key concepts for Cybersalon are constant innovation, renewal and service. And this is what the interior is geared to. To give one example, the lamps can change colour to create different atmospheres. The lamps chosen are by Fractal and Modular. The floor is finished in concrete look. The Formica and aluminium furniture is custom made.

Après de nombreuses années dans le métier, Angela Ritsken n'a pas laissé échapper l'opportunité de changer de statut et de devenir une source d'inspiration pour les autres. Elle a choisi, ici, un design sobre et d'avant-garde. Le blanc clinique est toujours un écueil pour certains clients, mais le style progressiste et les formes minimalistes se fondent en un concept global attirant. Coiffure, manucure et salon de beauté sont regroupés sous le même toit, tendance très actuelle, mais tout à fait novatrice lors de l'inauguration de ce local voici cinq ans. Innovation et rénovation permanentes, en plus de prestations de qualité, sont les clés de Cybersalon. Il en est de même pour l'aménagement intérieur. Les lumières, par exemple, peuvent changer de couleur afin de créer des ambiances différentes. On a choisi des lampes de Fractal et de Modular. Le sol a reçu une finition en béton. Les meubles en formica et aluminium ont été fabriqués sur mesure.

Na enkele jaren in de branche, greep Angela Ritsken met beide handen de kans om hogerop te geraken en om zelf een inspiratiebron te worden voor anderen. Ze koos voor een strak avant-gardistisch design. Het klinische wit is soms nog een drempel voor de klanten, maar de vooruitstrevende stijl en het minimalisme vormen een doordacht totaalconcept. Kapsalon, manicure en beauty shop ontmoeten elkaar onder hetzelfde dak, een trend die nu in volle opmars is, maar vijf jaar geleden – bij de opening – uniek was. Constant innoveren, vernieuwing en service bieden zijn de sleutelwoorden van Cybersalon. Ook het interieur werd daarop afgestemd. Zo kunnen de lichtlampen van kleur veranderen om zo andere sferen te creëren. Er werd gekozen voor lampen van Fractal en Modular. De vloer kreeg een betonlook-afwerking. De meubels in formica en aluminium werden op maat gemaakt.

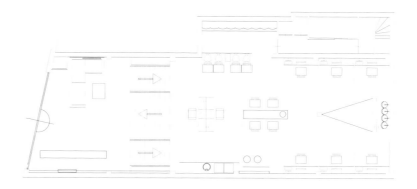

DESIGN GUY SARLEMIJN | *EQUIPMENT* GAMMA BENELUX

- THE EXTREME WHITE MINIMALISM WAS UNIQUE AND GROUND-BREAKING WHEN THIS SALON OPENED.

LORSQUE CE SALON A ÉTÉ INAUGURÉ, SON EXTRÊME MINIMALISME BLANC ÉTAIT ALORS UNIQUE ET INNOVATEUR.

HET DOORGEDREVEN WIT MINIMALISME WAS UNIEK EN BAANBREKEND BIJ DE OPENING VAN DIT SALON.

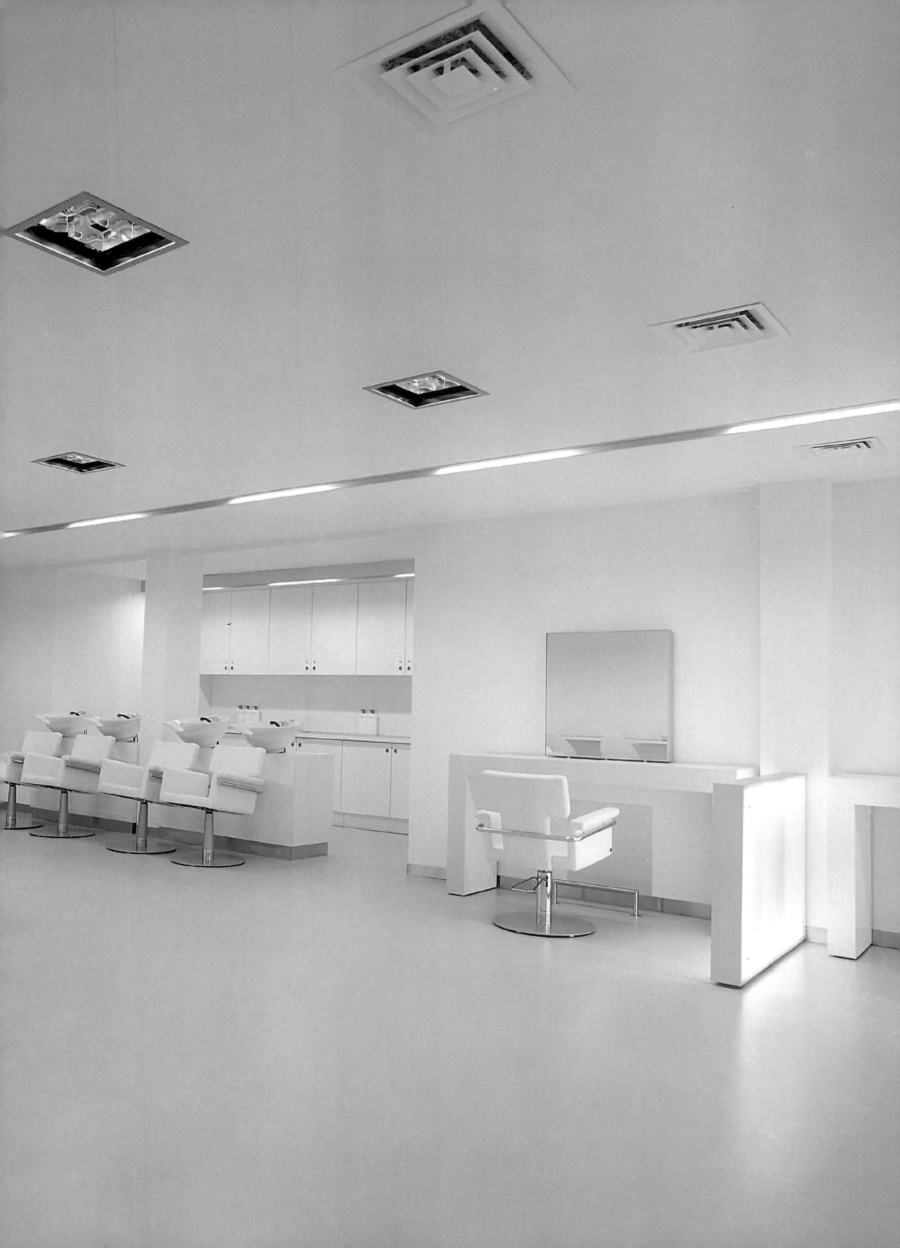

- THE ILLUMINATED STRUCTURES BY FRACTAL CAN BE FULLY ADJUSTED BY
  SELECTING A DIFFERENT COLOUR OF FLUORESCENT LIGHTING.

  LES STRUCTURES LUMINEUSES DE FRACTAL PEUVENT PARFAITEMENT S'ADAPTER,
  PAR LE CHOIX D'UNE AUTRE COULEUR DE SPOTS FLUORESCENTS.

  DE LICHTGEVENDE STRUCTUREN VAN FRACTAL KUNNEN VOLLEDIG AANGEPAST
  WORDEN DOOR EEN ANDERE KLEUR NEON TE KIEZEN.

DANIEL HERSHESON
LONDON, UK

Daniel Hersheson and his son Luke together provide the ultimate combination of hair-dressing skills and experience in the fashion world. Their fashion background enables them to always give their clientele the latest trends. The salon itself is in the luxury Harvey Nichols store and its status is very 'high end'. Here too the choice was for division into zones. The general area is a bright and airy space. The shampoo zone is darker, candle-lit and quiet, as is the juice bar. The whole space is styled horizontally, and this is apparent in its low ceilings. The custom-made furniture has rounded edges to make a softer impression. Lastly, the design had to cope with the constant changes in and evolution of fashion by means of forms and colours such as grey, white and rose.

Daniel et Luke Hersheson, père et fils, allient d'une manière incomparable leur profession de coiffeurs et leur expérience dans le monde de la mode. Leur curriculum leur permet de mettre leur clientèle au fait des dernières tendances. Le salon est situé dans les grands magasins de luxe Harvey Nichols, dans une position de haut standing. Ils ont également tranché pour des zones différenciées. La zone générale est un espace léger et lumineux. La zone «shampooing» est très obscure et paisible, elle est éclairée aux bougies à l'instar du bar. L'espace entier a été travaillé à l'horizontal, ce qui se reflète parfaitement dans les plafonds bas. Les meubles sur mesure présentent des champs arrondis afin d'obtenir une touche adoucie. Enfin, le concept a voulu capter les changements et l'évolution constante de la mode, par l'utilisation de certaines formes et de couleurs comme le gris, le blanc et le rose.

Daniel en zoon Luke Hersheson verenigen op een ultieme manier het vakmanschap van de kappersstiel met hun ervaringen in de modewereld. Hun mode-achtergrond stelt hen in staat om hun cliënteel steeds de laatste nieuwe trends mee te geven. Het salon zelf vind je in het luxueuze Harvey Nichols en heeft een zogeheten 'high end'-positionering. Ook hier werd gekozen voor een onderverdeling in zones. Het algemene gedeelte is een luchtige, heldere ruimte. De 'shampoozone' is donkerder, kaarsverlicht en rustig, net zoals de sapjesbar. De hele ruimte werd horizontaal uitgewerkt, wat zich reflecteert in lage plafonds. De maatmeubelen werden afgerond om een zachtere indruk na te laten. Tot slot moest het ontwerp de constante verandering en evolutie op modegebied vatten door middel van vormen en kleuren zoals grijs, wit en roze.

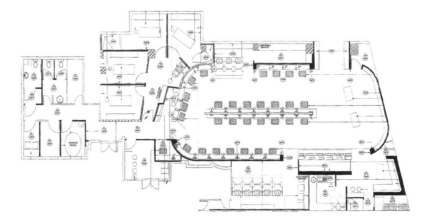

Design Marek Spencer | ***Equipment*** Maletti, Salon services London

• THE DARK SHOWER OF BEADS BETWEEN THE WASHBASINS GIVES THE
CUSTOMERS THE FEELING OF BEING SCREENED OFF.

LA PLUIE DE PERLES FONCÉES QUI SÉPARE LES LAVE-TÊTE DONNE AU
CLIENT UNE SENSATION D'INTIMITÉ.

DE DONKERE REGEN VAN KRALEN TUSSEN IEDERE WASBAK GEEFT DE
KLANT EEN AFGESCHERMD GEVOEL.

KAMISHIBAI
TOKYO, JAPAN

"Kamishibai" can best be described as a woodland walk on a fine spring day. The facade is mysterious and reveals little of its secrets, exactly like the edge of a wood. One side of the facade is closed, like an impenetrable row of trees, while the other is transparent and draws you with it into the woods. Once inside, one's attention is monopolised by a mirrored steel tube that gives off light. The beams create the impression of fresh spring light finding its way through foliage. Perspex partitions are printed with a tree pattern and divide the room into two zones: a functional cutting area and a relaxation area for massage and shaving. The walls themselves are clad in horizontal strips of rough timber, which completes the illusion of a wood.

La description qui correspond le mieux au salon "Kamishibai" est celle d'une promenade en forêt par une belle journée de printemps. La façade semble cacher de mystérieux secrets, comme en lisière d'un bois : une partie en est fermée comme par une rangée impénétrable d'arbres touffus, tandis que l'autre coté est tout en transparence et invite à entrer. Une fois à l'intérieur, le regard est attiré par un tube d'acier lumineux aux reflets de miroir. L'éclairage ressemble aux rayons d'un soleil printanier filtrés par les feuilles d'un arbre. Des cloisons en méthacrylate décorées de motifs végétaux divisent l'espace en deux zones : une aire fonctionnelle pour la coiffure et un espace de relaxation pour les massages et le rasage. Les murs sont recouverts de lattes de bois horizontales qui renforcent l'image d'une forêt.

"Kamishibai" valt nog het best te omschrijven als een boswandeling op een mooie lentedag. De gevel is geheimzinnig en geeft weinig geheimen prijs, net zoals de rand van een bos. De ene kant van de gevel is gesloten, zoals een ondoordringbare bomenrij, de andere kant is transparant en voert je mee het bos in. Eens binnen blijft de aandacht hangen bij een lichtverspreidende stalen buis met een spiegelende afwerking. De lichtstralen geven de indruk van fris lentelicht dat door de bladeren komt priemen. Tussenscheidingen in plexiglas werden bedrukt met een bomenprint en verdelen de ruimte in twee zones: een functionele knipzone en een relaxatiezone voor massages en scheerbeurten. De muren zelf werden afgewerkt in horizontale stroken ruw hout, wat de bosillusie compleet maakt.

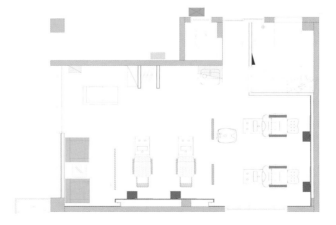

DESIGN RYU MIENO | *EQUIPMENT* TAKARA BELMONT JAPAN

- THE STRIPS OF PERSPEX PRINTED WITH TREES MAKE IT FEEL ALMOST NATURAL.

  LES BANDES DE MÉTHACRYLATE AUX MOTIFS ARBORÉS TRANSMETTENT UNE VÉRITABLE SENSATION DE NATURE.

  DE STROKEN PLEXIGLAS MET BOMENPRINT ZORGEN VOOR EEN HEUS NATUURGEVOEL.

VOG STORE
PARIS, FRANCE

This 280 square metre loft space is based on the New York style, a modern, open, urban architectural concept. It is a hair salon and a shop, with an assortment covering books, Pods, CDs and DVDs, and also the complete Redken range, their business partner, displayed in an elongated and illuminated recess. Dyeing is done at a long table without mirrors, so as to spare the customer the anxiety of this delicate process. The main event takes place under a square white ceiling with suspended mirrors that reinforce the floating effect. The red Perspex of the bucket seats recurs in the displays, and the lamps by Artemide give the whole thing a design feel.

Cet espace diaphane de 280 m² s'inspire du style new-yorkais, avec son concept d'architecture urbaine, moderne et ouverte. C'est à la fois un salon de coiffure et une boutique, proposant livres, iPods et DVD, ainsi qu'une gamme complète de l'associé Redken, exposée dans une niche allongée et illuminée. Une longue table sans miroir a été prévue afin d'éviter au client de se voir pendant la coloration. Le décor principal se trouve sous un plafond carré de couleur blanche, avec des miroirs suspendus qui renforcent l'effet flottant. Le méthacrylate rouge des fauteuils en forme de tonneau des coiffeuses et la série de lampes Artemide confèrent à l'ensemble un air de design.

Deze loftruimte van 280m² is gebaseerd op de New York-stijl, een concept van morderne, open, stedelijke architectuur. Het is een kapsalon én winkel, met een aanbod gaande van boeken, iPods, cd's en dvd's, tot het volledige gamma van partner Redken, uitgestald in een uitgerekte en verlichte nis. De kleuringen gebeuren aan een lange tafel zonder spiegels, om de klant dit delicate moment te besparen. Het hoofdgebeuren speelt zich af onder een wit, vierkant plafond met hangende spiegels, die het zwevende effect versterken. Het rode plexy van de kuipjes komt terug in de displays, en de reeks lampen van Artemide geeft het geheel een designsfeertje.

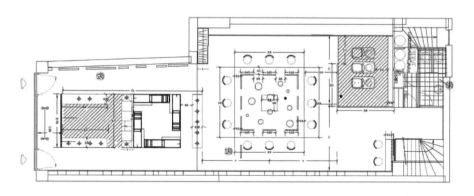

DESIGN Claire Duflos | *EQUIPMENT* Cindarella

• The floating ensemble of styling unit and mirrors, together
with the bucket seats, make for an open space.

L'ensemble flottant de la coiffeuse dotée de miroirs, combiné
aux fauteuils en forme de tonneau, créent un espace ouvert.

Het zwevende geheel van de kaptafel en spiegels zorgt samen
met de kuipstoeltjes voor een open ruimte.

- Displays in modular form promoting Redken products appear throughout the salon.

Dans tout le salon ont été installées des coiffeuses modulaires destinées à la promotion des produits Redken.

In het hele salon worden moduleerbare displays gebruikt om de producten van Redken te promoten.

FERBER
HAIR & STYLE
BERTRANGE, LUXEMBURG

The architect Victor Bragança, a big name in minimalism and cubism, was tempted to go down the organic road for the design of this salon. The rigid and rectilinear has given way to curves and rounded surfaces in everything from the walls to openings in the ceiling, all in harmony with the surroundings and the whole. The light-coloured walls use a stucco effect, as do the ivory-coloured Lakab mirrors. To obtain a refined organic look, Excel furniture was the obvious choice. The rust-brown colours of the metal styling table and counter recur in the colour of the leather and the amorphous central pillar. Behind a discrete illuminated wall is a separate zone for men and a cool wash area.

L'architecte Victor Bragança, une référence du minimalisme et du cubisme, s'est laissé séduire pour exécuter le design de ce salon, sur la base d'un concept organique. Les lignes droites et sobres ont laissé la place à des courbes et des ondulations : des murs aux creux du plafond, tout est en harmonie avec l'environnement et l'ensemble. Les murs clairs sont finis avec une simulation de stuc, comme les miroirs Lakab de couleur ivoire. Le mobilier Excel a été le choix le plus logique pour compléter ce look raffiné et organique. La couleur marron oxyde de la coiffeuse et du présentoir en métal se confond avec la couleur de la peau, et devient la colonne centrale du volume irrégulier. Derrière un mur de lumière discrète, se cachent la zone réservée aux hommes et un espace sobre destiné au shampooing.

Architect Victor Bragança, een referentie wat betreft minimalisme en kubisme, heeft zich laten verleiden om de organische richting in te slaan voor het ontwerp van dit salon. Het strakke, rechtlijnige heeft plaatsgemaakt voor curves en rondingen, van muren tot uitsparingen in het plafond, alles in harmonie met omgeving en geheel. De lichtgekleurde muren vertonen stucco-effecten, net als de ivoorkleurige Lakab-spiegels. Het Excel-meubilair was dan ook de evidente keuze voor het verkrijgen van een geraffineerde organische look. De roestbruine kleuren van de metalen kaptafel en toog vinden we terug in de kleur van het leder en de centrale amorfe zuil. Achter een discrete lichtwand is een aparte mannenzone en een koele wasruimte voorzien.

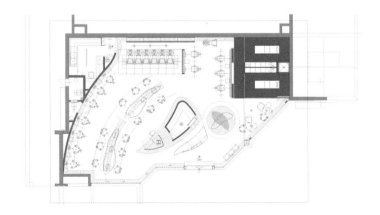

DESIGN Nicola Andrea Frignani | *EQUIPMENT* Excel

● THE MEN'S ZONE IS MARKED OFF BY AN AREA OF
DARK GREY AND CLASSIC STYLING CHAIRS.

LA SURFACE GRIS FONCÉ ET LES FAUTEUILS CLAS-
SIQUES DÉLIMITENT L'ESPACE RÉSERVÉ AUX
HOMMES.

EEN DONKERGRIJS KLEURVLAK EN DE KLASSIEKE
KAPPERSSTOELEN BAKENEN DE MANNENZONE AF.

NSEYA SALON
ATLANTA, USA

This industrial space used to be part of an old soap factory, where it functioned as the company chapel. So it's not hard to understand why church windows, crosses and candlesticks adorn this salon interior. The result is a blend of rough factory construction and colonial influences. The polished concrete floor gives an open feeling, but plants and the furniture are positioned so as to create separate zones. The styling units are spread around the whole room with an aisle down the middle. Each of the types of wood used is dark and the lighting is suitably industrial.

Autrefois, cet endroit industriel faisait partie d'une savonnerie. Il servait alors d'église au sein de l'entreprise, d'où la décoration des vitraux, les crucifix et les chandeliers. Le résultat final est une synthèse de construction industrielle brute et d'influences coloniales. Le sol en béton poli donne un sentiment d'espace ouvert tandis que le mobilier et les plantes vertes ont été disposés de manière à séparer différentes zones. Les coiffeuses ont été installées tout autour, laissant libre l'espace central. Les essences de bois variées ont été teintées une à une en camaïeu sombre et l'éclairage convient tout à fait au coté industriel du local.

Deze industriële ruimte maakte vroeger deel uit van een oude zeepfabriek. Daar deed ze dienst als bedrijfskerk. Het is dan niet moeilijk te begrijpen waarom kerkramen, kruisbeelden en kandelaars het interieur van dit salon sieren. Het eindresultaat is een mix geworden van een brute fabrieksconstructie en koloniale invloeden. De gepolierde betonvloer heeft een open gevoel, maar meubels en planten zijn zo geplaatst dat er bepaalde zones ontstaan. De kaptafels werden verspreid over de hele ruimte, met in het midden een gang. De gebruikte houtsoorten zijn stuk voor stuk donker getint en de verlichting is toepasselijk industrieel.

DESIGN Jeff Holmes & Stephen Michael I *EQUIPMENT* Takara Belmont US

• HARMONY IS CREATED BY COMBINING DIF-
FERENTLY SHAPED FURNITURE IN THE SAME
COLOUR WOOD.

DES MEUBLES AUX FORMES VARIÉES MAIS
DANS LE MÊME BOIS SE MARIENT DE
MANIÈRE HARMONIEUSE.

DE COMBINATIE VAN VERSCHILLEND
GEVORMDE MEUBELEN IN DEZELFDE HOUTS-
KLEUR CREËERT HARMONIE.

- THE ORNAMENTS AND SYMBOLS ARE A REFERENCE TO THE BUILDING'S RELIGIOUS PAST.

LES DÉCORATIONS ET LES SYMBOLES RAPPELLENT LE PASSÉ RELIGIEUX DE L'ÉDIFICE.

DE ORNAMENTEN EN SYMBOLEN VERWIJZEN NAAR HET RELIGIEUZE VERLEDEN VAN HET GEBOUW.

RICHARD WARD
HAIR & METROSPA
LONDON, UK

Large in area, but not only that: huge in staff and service too. This is "Richard Ward's" salon in London's Chelsea. A doorman awaits the customers and if so desired takes the dog for a walk or feeds the parking meter, while at least 70 hairdressers are constantly at work. The salon itself is housed in a building with a military past and has been entirely renovated. The concept chosen was one of several zones. On the ground floor, for instance, are reception, shop and even a pavement café. Then there is the relaxation zone with bar and waiting area, the colour zone with design mirrors by Starck and personal mini-plasma TVs, the cleansing zone, the hair zone and a 'metrospa' for all-round beauty. The whole ensemble is reminiscent of a New York loft: open, austere and with abundant natural light.

Un grand salon, non seulement immense par sa surface, mais également en matière de personnel et de services : c'est le salon Richard Ward à Chelsea, Londres. Un portier accueille les clients et reste à leur disposition pour promener leur chien ou aller payer le stationnement au parcmètre, pendant que plus de 70 coiffeurs affairés ne cessent pas une seconde. Le local est situé dans un immeuble d'origine militaire complètement rénové. Le design divise l'espace en plusieurs zones. Au rez-de-chaussée, par exemple, se trouve l'accueil, la boutique et même un bar avec terrasse. On trouve ensuite l'espace réservé à la détente, avec un bar et une salle d'attente, l'espace «couleur» garni de miroirs de Starck et de mini-téléviseurs individuels à écran plat, l'espace «cleansing», la zone «hair» et, pour une beauté totale, le «metrospa». L'ensemble évoque un loft new-yorkais typique : ouvert, sobre et inondé de lumière naturelle.

Niet alleen groot qua oppervlakte, maar ook immens op het vlak van personeel en service. Dat is het salon "Richard Ward" in Chelsea, Londen. Een portier wacht de klanten op en laat desgewenst de hond uit of vult de parkeermeter bij, terwijl de meer dan 70 kappers constant in de weer zijn. Het salon zelf werd gehuisvest in een gebouw met een militair verleden en werd helemaal gerenoveerd. Men koos voor een concept met verschillende zones. Zo is er op het gelijkvloers de receptie, de shop en zelfs een café met terras. Verder is er nog de relaxatiezone, met bar en wachtruimte, de 'color zone' met designspiegels van Starck en persoonlijke mini-plasmatelevisies, de 'cleansing zone', de 'hair zone' en een 'metrospa' voor totale schoonheid. Het geheel doet denken aan een New Yorkse loft: open, strak en met heel veel natuurlijk licht.

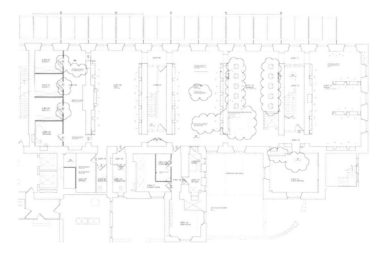

DESIGN Richard and Hellen Ward, Paul Davis
EQUIPMENT Maletti, Salon Services London

- THE MOST STRIKING ELEMENTS OF THE CLEANSING ZONE ARE THE TWO MASSAGE TABLES, THE PLASMA SCREEN AND THE STAINLESS STEEL WALL OF WATER.

DANS L'ESPACE «CLEANSING», ON REMARQUE LES DEUX TABLES DE LAVAGE ET DE MASSAGE, L'ÉCRAN PLAT ET LA PAROI D'EAU EN ACIER INOXYDABLE.

IN DE 'CLEANSING ZONE' VALLEN VOORAL DE TWEE MASSAGEWASTAFELS, HET PLASMASCHERM EN DE INOX WATERWAND OP.

DIE LIGA

"Die Liga", the 'Royal Art of Hairdressing', represents a philosophy of individuality and creativity, and is a place where the customer receives the ultimate in care in complete confidence. Both the owners and the very latest assistant are constantly trained to achieve this. The unusual space, open and displaying its structure, is fully tiled. The various individual cocoons give the customer a greater sense of intimacy and are made more striking by their special lighting. The lounge armchairs provide a playful touch of colour and the integrated 8-metre-long catwalk in glass is often used during workshops and fashion shows. This is a multifunctional space whose clever lighting and sound design means it can also be used by other companies.

"Die Liga", «Royal Art of Hairdressing», personnifie une philosophie de l'individualité et de la créativité, et offre au client un traitement sans égal et de toute confiance. Les propriétaires comme le dernier des assistants embauchés reçoivent une formation constante, afin de matérialiser cet idéal. Dans cet espace inhabituel, ouvert et aux structures claires, le sol est revêtu de céramique. Les différentes cellules individuelles se caractérisent par leur éclairage particulier et donnent au client une plus forte sensation d'intimité. Les fauteuils lounge apportent une touche de couleur décontractée. La passerelle intégrée en verre, de 8 mètres de large, est souvent utilisée pour des ateliers et des défilés de mode. C'est finalement un espace polyvalent qui, grâce à son concept sophistiqué de lumière et de son, se prête également à d'autres fonctions.

"Die Liga", 'Royal Art of Hairdressing', staat voor een filosofie van individualiteit en creativiteit, en is een plaats waar de klant in volledig vertrouwen de ultieme verzorging krijgt. Zowel de eigenaars als de laatst aangeworven assistent krijgen voortdurend training om dit te verwezenlijken. De ongewone ruimte, open met duidelijke structuren, is volledig betegeld. De verschillende individuele cocons geven de klant een intiemer gevoel en vallen nog meer op door hun bijzondere verlichting. De loungezetels zorgen voor een ludieke kleurtoets en de geïntegreerde 8 meter lange catwalk in glas wordt vaak gebruikt tijdens workshops en modeshows. Een multifunctionele ruimte die dankzij een uitgekiend licht- en geluidsontwerp ook door andere bedrijven gebruikt kan worden.

DESIGN MICHAEL PETERLI | *EQUIPMENT* GAMMA INTERNATIONAL

- THIS AUSTERE SPACE CONTAINING ONLY THE ESSENTIALS HAS A STRAIGHTFORWARD AND TIMELESS FEEL, BUT IS ALSO PROVOCATIVE AND SEXY.

L'ESPACE SOBRE ET RÉDUIT À L'ESSENTIEL PRÉSENTE UN ASPECT LINÉAIRE ET ATEMPOREL, AINSI QUE PROVOCATEUR ET SEXY.

DE SOBERE RUIMTE MET ENKEL HET ESSENTIËLE DOET RECHTLIJNIG EN TIJDLOOS AAN, MAAR OOK UITDAGEND EN SEXY.

LORENA
MORLOTE

It is in the exclusive Salamanca district of the Spanish capital Madrid that we find the "Lorena Morlote" salon. The conceptual design comes from the drawing board of the experienced architect Miguel Domingo. For this idea he drew his inspiration from the calming effect of water. In the hall, winding curved walls lead you like a river to the quiet 'lake', the heart of the salon. Further on, a staircase twists its way up to the very top. At every point along this route are small secluded islands bathing in a sea of peace and calm. The key word here is Zen. The simple range of colours is based entirely on the powerful combination of black and white. The straightforward styling units are based on the 20s and are accompanied by well-suited chairs designed by Porsche. Altogether this gave rise to a timeless but elegant design.

Dans le très coté quartier Salamanca de Madrid, nous trouvons le salon "Lorena Morlote". Le design conceptuel est de l'architecte chevronné Miguel Domingo. Il s'est inspiré du caractère apaisant de l'eau. Comme une rivière, les murs sinueux et arrondis mènent le visiteur du vestibule au «lac» pacifique : l'essence du salon. Plus loin, un escalier en forme d'escargot monte au premier étage. Le long de ce circuit ont été disposées de petites îles fermées, baignées dans une mer de tranquillité et de paix. Zen en est le mot clé. L'échelle chromatique toute simple repose sur une puissante combinaison de blanc et de noir. Des fauteuils conçus par Porsche et adaptés accompagnent les sobres coiffeuses d'inspiration années 20. Le résultat est un design hors du temps et élégant.

In het exclusieve Salamanca in het Spaanse Madrid vinden we salon "Lorena Morlote" terug. Het conceptuele design komt uit de pen van ervaren architect Miguel Domingo. Voor de inrichting baseerde hij zich op het rustgevende karakter van water. In de hal leiden kronkelende, gebogen muren je als een rivier naar het rustige 'meer', het hart van het salon. Verderop wentelt een trap zich helemaal naar boven. Overal langsheen het parcours bevinden zich kleine afgebakende eilandjes die baden in een zee van rust en kalmte. Zen is hier het codewoord. Het eenvoudige kleurenpalet steunt volledig op de krachtige combinatie van zwart met wit. De strakke kaptafels zijn gebaseerd op de jaren '20 en worden vergezeld van aangepaste stoelen van Porsche-design. Aldus ontstond een tijdloos, maar ook elegant ontwerp.

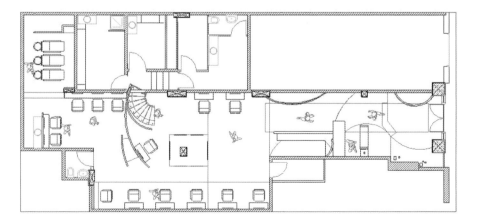

DESIGN MIGUEL DOMINGO | *EQUIPMENT* PORSCHE DESIGN

• THE DYNAMISM OF THE CURVED WALLS AND THE PAIR-
ING OF BLACK AND WHITE ENSURE A POTENT ARCHI-
TECTURAL CONCEPT.

LA DYNAMIQUE DES MURS ARRONDIS ET LA DUALITÉ
BLANC ET NOIR GARANTISSENT UN CONCEPT ARCHI-
TECTURAL INDESTRUCTIBLE.

DE DYNAMIEK VAN DE GEBOGEN WANDEN EN DE
DUALITEIT VAN ZWART EN WIT STAAN GARANT VOOR
EEN STERK ARCHITECTURAAL CONCEPT.

WINDLE
LONDON, UK

We find "Windle" in the heart of London's Covent Garden, a neighbourhood renowned for its tourist shopping. It is conceived as a salon where every class of person is welcome, and is a mixture of a cutting-edge Soho salon and a traditional Mayfair salon with its ultimate luxury experience. The mainly pale walls illuminated by spots are interrupted by horizontal bands of mirror alternating with matt sections. The dark oak floor and the even darker ceiling create more atmosphere and intimacy. Each styling unit, of which there are 23, has its own red cupboards suspended from a continuous stainless steel bar. Red also recurs in the reception desk and the sofa for waiting customers, which curves around a wall.

"Windle" est situé à Londres, en plein Covent Garden, quartier connu pour son offre commerciale touristique. Destiné à toute sorte de publics, ce salon a été conçu comme un mélange d'ultramoderne, typique du quartier de Soho et de traditionnel et extrêmement luxueux style Mayfair. Des bandeaux horizontaux de miroirs et des surfaces opaques alternent sur le fond clair des murs, illuminés par des spots. Le sol en chêne teint et le plafond plus foncé encore accentuent la sensation d'intimité. Chacune des 23 coiffeuses possèdent sa propre petite armoire, suspendues à une barre continue en acier inoxydable. Sur le comptoir de réception et le canapé d'attente arrondi qui embrasse un mur, on retrouve cette même couleur rouge.

In het hart van het Londense Covent Garden, een omgeving bekend om zijn toeristische shoppingfaciliteiten, bevindt zich "Windle". Opgevat als een salon waar alle lagen van de bevolking welkom zijn, is dit salon een mix geworden tussen de cutting edge van een Soho salon en een traditioneel Mayfair salon voor de ultieme luxueuze ervaring. De overwegend bleke muren, opgelicht door spotverlichting, worden onderbroken door horizontale stroken spiegels afgewisseld met matte stukken. De donker getinte eiken vloer en een donkerder plafond creëren sfeer en intimiteit . Ieder werkstation, 23 in totaal, heeft zijn eigen rode opbergkastjes, opgehangen aan een doorlopende inox staaf. Rood komt ook terug in de ontvangsttoog en in de wachtsofa, die rond een muur zit gebogen.

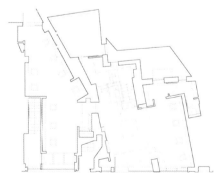
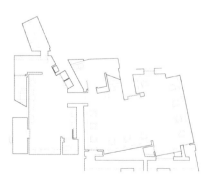

DESIGN WELLS MACKERETH ARCHITECTS I ***EQUIPMENT*** TAKARA BELMONT UK

- The cream-coloured space harmonises with the dark-brown wooden floor and red details.

  L'espace de couleur crème est en harmonie avec le sol en bois marron foncé et les détails rouges.

  De crèmekleurige ruimte is in harmonie met de donker-bruine plankenvloer en rode details.

SERVILLES TAKAPUNA
AUCKLAND, NEW ZEALAND

The collaboration between the designers David Howell and Steffani Aarons and the owner Paul Serville gave rise to a pleasant and intimate salon. The main theme here is the contrast between hard and soft. Stone walls and an epoxy floor are complemented by a warm wooden floor and concealed lighting in the ceiling and behind the mirrors. The exotic-looking veneered furniture and cream-coloured walls, with the addition of the design chairs by Starck, give the whole ensemble a sensual feel. The customer can choose his own position and degree of comfort at the electronically adjustable washing units. From the spacious dyeing area there is an open view of a superb rose garden, or else one can keep up with the latest trends on a large plasma screen.

De la collaboration entre les designers David Howell et Steffani Aarons et le propriétaire Paul Serville est né un salon intime et accueillant. Tout tourne autour du contraste entre le rigide et le doux. Les murs en pierre et le sol en époxy sont compensés par un plancher de bois chaud et un éclairage dissimulé dans le plafond et derrière les miroirs. Pour procurer un effet sensuel, rien de mieux que le style exotique des meubles contreplaqués et les murs de couleur crème, avec des fauteuils conçus par Starck. Le client a toute liberté de s'installer confortablement dans les fauteuils des lavabos réglables électroniquement. Le vaste espace réservé à la coloration s'ouvre sur un magnifique jardin de roses et donne la possibilité de découvrir les dernières tendances sur un grand écran plat.

Uit de samenwerking tussen designers David Howell en Steffani Aarons en eigenaar Paul Serville is een intiem, gezellig salon onstaan. Contrasten tussen hard en zacht spelen hier de hoofdrol. Muren uit steen en een epoxyvloer worden gecomplementeerd met een warme houten vloer en verborgen verlichting in het plafond en achter de spiegels. De exotisch aandoende fineermeubelen en crèmekleurige wanden, aangevuld met de designstoelen van Starck, geven het geheel een sensueel gevoel. De klant kan zelf zijn eigen comfort en positie kiezen aan de elektronisch verstelbare wasplaatsen. Vanuit de ruime kleurruimte heb je een open zicht op een prachtige rozentuin of kan je de laatste trends volgen op een groot plasmascherm.

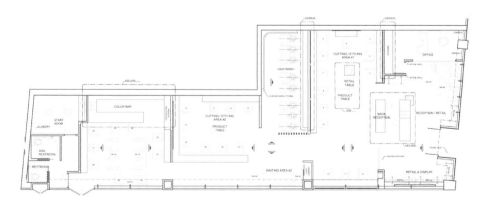

DESIGN Paul Serville, David Howell and Steffani Aarons | *EQUIPMENT* Maletti

- The beige styling chairs by Starck and the warm wooden walls
  and floors mean that brown tints dominate here.

  Les tonalités marron prédominent partout, grâce aux fauteuils
  de Starck de couleur beige et les murs et sol en bois chaud.

  Bruintinten primeren dankzij de beige designkappersstoelen van
  Starck en de warme houten muren en vloeren.

FRED SEGAL
SANTA MONICA, USA

A place to seek refuge in, to be pampered in, to feel beautiful in, and all with the emphasis on service, quality and good-looking results. This is "Fred Segal Beauty" in Santa Monica: a complex of shops, each one full of innovation. The countless hair and beauty artists come from all over the world, which is visible in the equal number of culturally defined styles. The product pharmacy is considered one of the best and most complete in the country. The design is artistic and style-sensitive. The washing chairs are screened off by a translucent curving red curtain and a glass module houses the L'Oréal zone, with its restful waiting area that gives a true lounge feeling.

Un endroit où se réfugier, se laisser bichonner et se sentir beau, où l'emphase se situe dans le service, la qualité et le résultat final: "Fred Segal Beauty" à Santa Monica représente tout ceci, dans un ensemble de boutiques, plus innovatrices les unes que les autres. Les artistes de la coiffure et de la beauté viennent du monde entier, ce qui se traduit par une multitude de styles culturels différents. Sa gamme de produits est considérée comme l'une des meilleures et l'une des plus complètes du pays. Le design est artistique et élégant. Les lave-tête sont dissimulés derrière un rideau ondulé et transparent de couleur rouge, dans un module en verre est installée la zone réservée à L'Oréal, avec une salle d'attente relaxante, fournissant une authentique sensation de lounge.

Een plaats om in te vluchten, om verwend te worden, om zich mooi te voelen, en dit al es met de nadruk op service, kwaliteit en een mooi resultaat. Daarvoor staat "Fred Segal Beauty" in Santa Monica: een complex van shops die stuk voor stuk innovatief zijn. De talloze haar- en beauty-art esten komen van over de hele wereld, wat zich vertaalt in evenveel verschillende cultureel bepaalde stijlen. De productapotheek wordt beschouwd als één van de beste en meeste volledige van het land. Het design is artistiek en stijlgevoelig. De wasstoelen worden afgeschermd door een doorzichtig, golvend rood gordijn en in een glazen module bevindt zich de L'Oréal-zone, met een rustgevende wachtruimte die je het echte loungegevoel bezorgt.

DESIGN PAUL DE ARMAS, TODD ERLANDSON AND CRAIG RIZZO
EQUIPMENT MALETTI AND TAKARA BELMONT

- THE PREDOMINANTLY OPEN SPACE IS INTERRUPTED BY THE WINDING RED CURTAIN.

  LES ONDULATIONS DU RIDEAU ROUGE VIENNENT BRISER L'ESPACE TRÈS OUVERT.

  DE OVERWEGEND OPEN RUIMTE WORDT DOORBROKEN DOOR HET KRONKELENDE RODE GORDIJN.

THE COMFORT AND STYLE OF THE LOUNGE/WAITING ROOM MAKE YOU FEEL IMMEDIATELY AT HOME. •

DANS LA SALLE D'ATTENTE-LOUNGE, TOUT EN CONFORT ET EN STYLE, ON SE SENT IMMÉDIATEMENT CHEZ SOI.

DE LOUNGE-WACHTRUIMTE DOET JE DOOR ZIJN COMFORT EN STIJL ZO THUIS VOELEN.

COIFF1RST

PARIS, FRANCE

The old baths at Saint-Germain-des-Prés were skilfully transformed into the new home base for "Coiff1rst". More than 60 windows look out onto a marvellously planted inner garden and create a unique atmosphere. Inside 1000 sq. m. on three floors we see rustic matt wooden floors and old tiled floors. Gilt mirrors with classic make-up lighting, rounded bucket seats, metal styling units and chandeliers in Bohemian crystal make for an unusual setting. On the ground floor, in addition to several utility rooms, we find 'Lina's café' and the cutting areas. On the first floor is the Kérastase VIP area, where four dreamworlds have become reality: 'Voile Blanche', 'La Romance', 'Les Bains Taranne' and 'La Cabine Heures Bleues'. Each has its own atmosphere: draped white fabrics, a shower of pearls, partitions with splendid cutouts, and bamboo screens. "Coiff1rst" is a salon that takes you from one surprise to another.

Une rénovation professionnelle a converti les anciens bains de Saint-Germain-des-Prés en nouveau siège de "Coiff1rst". Plus de 60 fenêtres offrent une vue splendide sur un jardin intérieur et assurent ainsi une atmosphère unique. Nous pouvons y admirer les 1000 m² de sol rustique en bois opaque et de vieilles dalles, répartis sur trois étages. Des miroirs dorés de cabine, des fauteuils en forme de tonneau, des coiffeuses en métal et des lampes araignées en cristal de bohème : tout contribue à cette sensation particulière. Au rez-de-chaussée, nous trouvons, outre les espaces techniques, le bar «Lina's», et les coiffeuses. Au premier étage, se trouve l'espace Kérastase VIP. Ici, quatre mondes oniriques deviennent réalité : «Voile Blanche», «La Romance», «Les Bains Taranne» et «La Cabine Heures Bleues». Toutes possèdent leur propre atmosphère : des étoffes blanches drapées, une pluie de perles, des parois aux précieux emporte-pièce et des écrans de bambou ... Le salon "Coiff1rst" vous porte de surprise en surprise.

De oude baden van Saint-Germain-Des-Prés werden vakkundig omgevormd tot de nieuwe uitvalsbasis van "Coiff1rst". Meer dan 60 ramen geven uit op een prachtig aangeplante binnentuin en zorgen voor een unieke sfeer. Binnenin zien we – op 1000 m² verspreid over drie verdiepingen– rustieke matte plankenvloeren en oude tegelvloeren. Vergulde spiegels met typische make-upverlichting, afgeronde kuipstoeltjes, metalen werkstations en lusters van Boheems kristal zorgen voor een aparte sfeer. Op de benedenverdieping vinden we naast enkele technische ruimtes ook het café 'Lina's' en de knipplaatsen. Op de eerste verdieping bevindt zich de Kérastase-VIP-ruimte. Het is een verdieping waar vier droomwerelden realiteit zijn geworden: 'Voile Blanche', 'La Romance', 'Les Bains Taranne' en 'La Cabine Heures Bleues'. Elk heeft zijn eigen sfeer: gedrapeerde witte stoffen, een regen van parels, tussenwanden met prachtige uitsnijdingen en bamboeschermen... "Coiff1rst" is een salon dat je van de ene verrassing in de andere doet vallen.

DESIGN CLAIRE DUFLOS | **EQUIPMENT** CINDARELLA

- THE GROUND FLOOR, WITH ITS
GILT MIRRORS, CRYSTAL CHAN-
DELIERS AND RETRO BUCKET
SEATS.

LE REZ-DE-CHAUSSÉE AVEC
DES MIROIRS DORÉS, DES
LAMPES ARAIGNÉES EN
CRISTAL ET LES FAUTEUILS
RÉTRO EN FORME DE TONNEAU.

DE BENEDENVERDIEPING MET
DE VERGULDE SPIEGELS,
KRISTALLEN LUSTERS EN
RETRO KUIPSTOELTJES.

'VOILE BLANCHE', THE DREAM WORLD OF •
THE FRENCH RIVIERA WITH WHITE CUR-
TAINS, PEBBLES AND A WOODEN FLOOR.

«VOILE BLANCHE», LE PAYS
MERVEILLEUX DE LA RIVIERA FRANÇAISE,
AVEC SES RIDEAUX, SES PIERRES ET SON
PARQUET BLANCS.

'VOILE BLANCHE', DE DROOMWERELD VAN
DE FRANSE RIVIERA MET WITTE GORDIJ-
NEN, KEIEN EN PLANKENVLOER.

NOEMI &
FRIENDS

MUNICH, GERMANY

Diana, the owner and manager of this salon, here has a salon that turns the spotlight on children. She picked up the inspiration on one of her shopping trips to Paris. But this highly individual hairdresser does not exclude the parents. While their children are being spoiled, they can enjoy a manicure or a massage. The feminine style and nonchalance of the interior are enhanced by the personal objects the lady of the house leaves lying around. Lively fruity colours were chosen for the furniture and the plentiful and recurring flower motifs give the place a cosy living room atmosphere.

Diana, propriétaire et gérante du local a ouvert un salon de coiffure où les enfants sont rois. Elle a trouvé son inspiration lors d'un voyage d'affaires à Paris. Mais la coiffure fantaisie n'exclut pas les parents. Pendant que l'on s'occupe de leurs enfants, les parents peuvent avoir recours aux soins de la manicure ou de la masseuse. Le style féminin et décontracté du décor est accentué par les objets personnels disposés là par la maîtresse de maison. Les meubles sont peints de couleurs vives et acidulées et les nombreux motifs floraux donnent à l'espace une atmosphère plaisante et accueillante.

Diana, eigenares en manager van het salon, opende een kapperszaak die kinderen in de spotlights zet. Inspiratie deed ze op tijdens één van haar shoppingtrips in Parijs. Toch sluit de eigenzinnige kapster de ouders niet uit. Terwijl hun kinderen verwend worden, kunnen zij genieten van een manicure of een massage. De vrouwelijke stijl en de nonchalance die het interieur kenmerken, wordt versterkt door de persoonlijke voorwerpen die de vrouw des huizes neerpootte. Voor de meubels werden levendige fruitkleuren gekozen en de talrijk terugkerende bloemenmotieven geven de ruimte een gezellige huiskamersfeer.

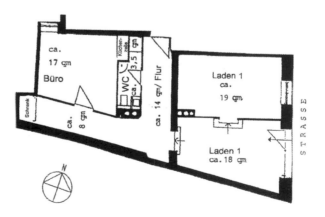

DESIGN DIANA MILLER, USCHI KÖNIG

- FLOWER MOTIFS AND CANDY COLOURS ON
  THE WALLS AND FURNITURE SET THE TONE
  OF THIS CHILD-FRIENDLY PARADISE.

  LES MURS ET LES MEUBLES AUX MOTIFS
  FLORAUX ET AUX COULEURS BONBONS
  DONNENT LE LA À CE PARADIS ENFANTIN.

  BLOEMMOTIEVEN EN SNOEPJESKLEUREN
  OP DE MUREN EN MEUBELS ZETTEN DE
  TOON IN DIT KINDVRIENDELIJKE PARADIJS.

IDÉA

The basic form of this existing building in a renovated district was preserved, but it was given a personal touch by the hand of sculptor Danny Tulkens. The new story is one of floating steel, varnished and suspended from the rough ceiling. Both the austere counter and styling units were made to measure by the artist and give the premises an exclusive air. Above the solid styling units floats a double mirror with indirect lighting. The rugged materials are softened by the warm red of the walls and a huge fairytale chandelier over the washbasins. The floating volumes are both practical, in terms of cleaning, and make for a captivating spatial liveliness.

Le salon a trouvé sa place dans un édifice existant au sein d'un quartier rénové : il en a gardé le coté brut de décoffrage avec l'ajout personnel de la main du sculpteur Danny Tulkens. Il s'est converti en une histoire d'acier flottant, verni et suspendu au plafond d'aspect rugueux. Tant le sobre comptoir que les coiffeuses ont été faits sur mesure par l'artiste et confèrent au local une touche exclusive. Au dessus des coiffeuses, massives, flottent des miroirs doubles dotés de lumières indirectes. Les matériaux bruts sont adoucis par le rouge chaud des murs et par un lustre gigantesque mais délicat au dessus des bacs de lavage. Très pratiques pour le nettoyage et l'entretien du sol, ces volumes suspendus offrent au regard des jeux aériens qui fascinent.

Een bestaand gebouw in een gerenoveerde wijk, behield zijn ruwe vorm maar kreeg een persoonlijke toets door de inzet van beeldhouwer Danny Tulkens. Het werd een verhaal van zwevend staal, gevernist en opgehangen aan het ruwe plafond. Zowel de strakke toog als de kaptafel zijn door de kunstenaar op maat gemaakt en geven het een pand een exclusieve uitstraling. Boven de massieve kaptafels zweeft een dubbele spiegel met indirect licht. De ruwe materialen worden verzacht door een warme rode kleur op de muren en door een enorme, feërieke luster boven de wasbakken. De zwevende volumes zijn enerzijds praktisch voor het onderhoud van de vloer, maar zorgen anderzijds voor een boeiend ruimtelijk spel.

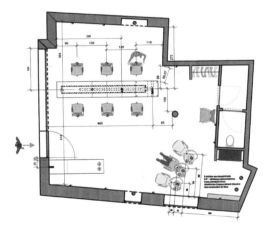

DESIGN BERNARD CHARLIER I *EQUIPMENT* JJ MAES

• THE FLOATING COUNTER IN VARNISHED STEEL IS SUSPENDED
FROM THE CEILING ON 2 STEEL PIPES.

LA COIFFEUSE FLOTTANTE EN ACIER VERNIS A ÉTÉ SUSPENDUE
DU PLAFOND À L'AIDE DE 2 TUBES EN ACIER.

DE ZWEVENDE TOOG UIT GEVERNIST STAAL WERD OPGEHANGEN
AAN HET PLAFOND DOOR MIDDEL VAN 2 STALEN BUIZEN.

ARLET
SOFIA, BULGARIA

"Arlet" is conspicuous for its originality and fun inventions. This salon has already won several prizes, partly due to the perfect choice of materials: seamlessly glued tiled floors, black-painted columns, glossy white finish for the mirrors and other parts and screens covered with coloured film. Altogether this creates a challenging, transparent whole that accentuates the architecture. The tight arrangement of minimalist 17-inch monitors and a simple hook used to hold a hair-dryer are combined with lively and colourful screens. The long white tables where customers are given advice are flanked by chairs by Maarten van Severen and Kartell, the perfect complement to the styling chairs by the design guru Philippe Starck.

"Arlet" brille par son originalité et ses trouvailles amusantes. Ce salon a déjà reçu plusieurs prix grâce, entre autres, au choix parfait des matériaux : dalles de sol aux joints invisibles, colonnes laquées noires, fini blanc brillant pour les miroirs et panneaux de séparation revêtus de plaques de couleurs. L'ensemble donne une impression de transparence qui met l'architecture en valeur. Le sobre jeu d'écrans minimalistes de 17 pouces et un simple crochet porte séchoir s'allient à des abat-jour multicolores. Pour les tables, larges et blanches, le choix s'est porté sur des chaises de Maarten van Severen et Kartell, parfait complément aux fauteuils du gourou du design, Philippe Starck.

"Arlet" blinkt uit in originaliteit en leuke vondsten. Dit salon viel reeds verschillende keren in de prijzen, mede dankzij de perfecte materiaalkeuze: naadloos verlijmde tegelvloeren, zwart gelakte zuilen, glanzend witte afwerking voor onder andere de spiegels en met kleurfolie beplakte tussenschermen. Het leidt tot een uitdagend, transparant geheel dat de architectuur accentueert. Het strakke spel van de minimalistische 17 inch schermen en een eenvoudige haak die dienst doet als haardrogerhouder wordt gecombineerd met drukke kleurrijke schermen. De lange witte adviestafels worden geflankeerd door stoelen van Maarten van Severen en Kartell, de perfecte aanvulling dus bij de kapperstoelen van designgoeroe Philippe Starck.

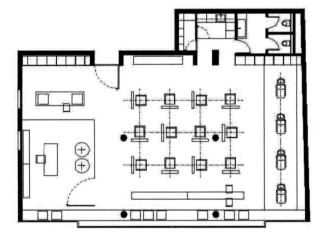

DESIGN DANIELLA TOPALOVA & DIMITAR SLAVCHEV | *EQUIPMENT* MALETTI

• Black is the theme of these matt seating elements and glossy columns.

Le noir constitue un fil conducteur pour les sièges opaques et les colonnes brillantes.

Zwart als leidraad voor de matte zitelementen en de glanzende zuilen.

- TRANSPARENT VISUALS SEPARATE THE
  VARIOUS ZONES.

  DES IMAGES TRANSPARENTES SÉPARENT
  LES DIFFÉRENTES ZONES.

  TRANSPARANTE VISUALS SCHEIDEN DE
  VERSCHILLENDE ZONES.

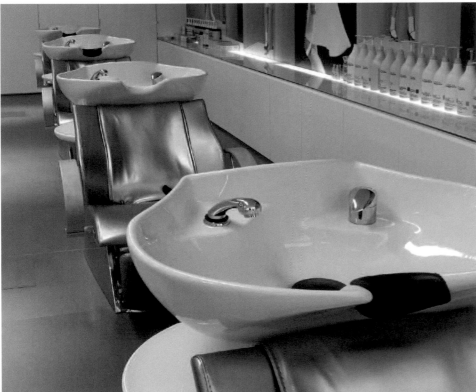

- THE WHITE VOLUMES WITH MIRRORS SEEM
  TO DROP VERTICALLY OUT OF THE CEILING.

  LES VOLUMES BLANCS, REVÊTUS DE
  MIROIRS, PARAISSENT SURGIR VERTICALE-
  MENT DU PLAFOND.

  DE WITTE, MET SPIEGELS BEKLEDE VOLUMES
  LIJKEN VERTICAAL UIT HET PLAFOND TE
  KOMEN.

FRANCK PROVOST
BEAUTY & SPA
SHIGA, JAPAN

The combination of beauty parlour and hairdressing salon is gaining adherents all over the world. This is also the case in "Franck Provost's" salon, where a separate environment was created for each part. The hairdressing salon itself has more the allure of a prestigious jeweller's. The range of single-tone colours extends to the tiled floor and so visually forms a catwalk. The lighting everywhere is built-in, even in the table-tops. The architecture is enhanced by the symmetry of the design, creating an aesthetic evenness. In the beauty areas it is the senses that rule: pleasing materials and gentle colours abound. The treatment rooms are hidden inside cylinders and are equipped with the latest light therapy apparatus.

L'alliance salon de coiffure / centre d'esthétique fait de plus en plus d'adeptes dans le monde : ainsi en est-il du salon de "Franck Provost". Ici, chaque activité a son monde à part. Le design de la partie coiffure fait penser à une grande bijouterie. La palette monochrome, jusqu'au sol dallé, forme un chemin visuel. L'éclairage est complètement encastré, jusque dans la tablette des coiffeuses. La symétrie souligne l'architecture en même temps qu'elle crée esthétique linéaire et sobre. Dans l'espace beauté, les cinq sens sont à l'honneur : matériaux plaisants et couleurs pastel sont omniprésents. Les cabines de soins sont dissimulées dans des cylindres et équipées des dernières technologies en matière de thérapie par la lumière.

De combinatie beauty- en kapsalon krijgt wereldwijd steeds meer aanhang. Zo ook in het salon "Franck Provost". Daar werd voor elk deel een aparte leefwereld gecreëerd. Het kapsalon zelf heeft meer de uitstraling van een juwelenwinkel met standing. Het monotone kleurenpalet wordt tot in de tegelvloer doorgetrokken en vormt aldus een visuele catwalk. De verlichting werd overal ingebouwd, tot in de tabletten toe. De architectuur wordt versterkt door de symmetrie van het ontwerp, zo ontstond een esthetische strakheid. In de beautyruimtes primeren de zintuigen: aangename materialen en zachte kleuren zijn alom aanwezig. Cilinders verbergen de behandelingskamers en zijn uitgerust met de laatste technieken op het vlak van lichttherapie.

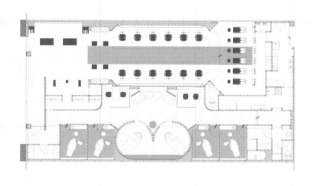

DESIGN JUNJI YAMAMOTO | ***EQUIPMENT*** TAKARA BELMONT JAPAN

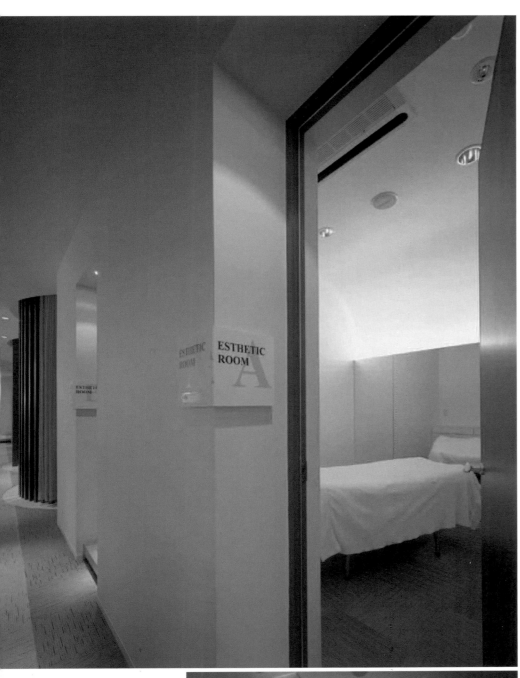

- A GLIMPSE OF THE BEAUTY SALON AND THE CYLINDRICAL
  LIGHT THERAPY ROOMS.

  UNE VUE DU SALON DE BEAUTÉ, ET DES PIÈCES CYLIN-
  DRIQUES POUR LA LUMINOTHÉRAPIE.

  EEN BLIK OP HET BEAUTYSALON EN DE CILINDERVORMIGE
  LICHTTHERAPIE-RUIMTEN.

HARLOW
ANTWERP, BELGIUM

Phi ippe, the owner of the "Harlow" salon in Antwerp, is a true monument of that city. As godfather of several of the best hairdressers he is personally acquainted with hairdressing's finest. But while his protégés always went the trendy way, Philippe opted for another approach and in his salon plays with old-fashioned styles. The striking counter and wall mirrors were first constructed in expanded polystyrene and were then shaped and plastered in a more antique style. The orange Louis XIV chairs may not be exceedingly comfortable, but they do look extremely original. The decorative hanging lamps assist in the evocation of bygone days. A floor in polished concrete is one of the few contemporary elements.

Philippe, le propriétaire du salon "Harlow", est une véritable personnalité de la ville d'Anvers. En qualité de parrains de certains des meilleurs coiffeurs, il connaît la crème de la crème de la corporation de la coiffure. Alors que ses disciples ont choisi le chemin de la mode, Philippe a préféré une autre approche et joue dans son établissement avec des styles démodés. Le comptoir criard et les miroirs muraux ont d'abord été modelés en polystyrène puis stuqués afin d'obtenir un aspect ancien. Les chaises orange Louis XIV ne sont pas excessivement confortables, mais revêtent un aspect très original. Les lampes araignées décoratives évoquent des temps anciens. L'un des seuls éléments un tant soit peu contemporain est le sol en béton poli.

Eigenaar Philippe van het Antwerpse salon "Harlow" is een echt monument in de stad aan de Schelde. Als peetvader van enkele van de beste kappers kent hij de knippende en kapper de fine fleur persoonlijk. Waar zijn poulains echter steeds de trendy kant uitgingen, koos Philippe een andere benadering en speelt hij in zijn zaak een spel van ouderwetse stijlen. De opvallende toog en de wandspiegels werden eerst opgebouwd in piepschuim en werden nadien vormgegeven en bepleisterd in een meer antieke stijl. De oranje Louis XIV-stoelen zijn misschien niet buitensporig comfortabel, maar ogen wel bijzonder origineel. De decoratieve hanglampen helpen vervlogen tijden weer op te roepen. Een vloer in gepolierd beton is een van de weinige hedendaagse elementen.

DESIGN PHILIPPE HARLOW

- With its gold-painted Marge Simpson in the display window, this salon pays tribute to a woman with extraordinary hair and character.

  L'image dorée de Marge Simpson dans la vitrine est un hommage à une femme à la chevelure et au caractère particuliers.

  Met de goudgeverfde Marge Simpson in de etalage brengt dit salon een ode aan een vrouw met speciaal haar en dito karakter.

B

Andy Uffels, the creative brain behind the "B" salon, has already built up a substantial professional résumé. He has three times been 'Hairdresser of the Year' and 'World Master of the Craft'. His salon is also one of the very best in the sector. This building, with its marvellous stained-glass windows, dates from the 20s and the restyling gave it a hip, fashion-oriented look. The salon is located on three floors linked by an open staircase. Glass walls at the back let in a flood of fine light. Atmosphere and functionality here go effortlessly hand in hand. The use of large visuals and pressed wood gives warmth to the steel and glass structure. It is a contemporary salon where the customer feels absolutely at home.

Andy Uffels, le célèbre créateur du salon "B", fait valoir une longue carrière professionnelle. Trois fois lauréat des prix «Hairdresser of the Year» et «World Master of the Craft», son salon de coiffure se place parmi ceux qui remportent le plus de succès du secteur. Le bâtiment, avec ses jolies verrières, date des années 20 et a été réformé dans un style moderne et frais. Le salon est disposé sur trois étages, reliés par un escalier ouvert. Des murs de verre au fond projettent un joli faisceau de lumière. Ambiance et fonctionnalité se fondent sans effort. Les photographies de grand format et le bois comprimé apportent une touche de chaleur à la structure en acier et en verre. Le résultat est un salon contemporain, où le client se sentira sans doute comme chez lui.

Andy Uffels, het creatieve brein achter kapsalon "B", heeft al heel wat op zijn professionele palmares kunnen schrijven. Hij werd 3 maal 'Hairdresser of the Year' en 'World Master of the Craft'. Ook zijn salon behoort tot de toppers in de branche. Het gebouw met de prachtige glasramen dateert uit de jaren '20 en kreeg bij de restyling een hippe, modegerichte look aangemeten. Het salon is verspreid over drie verdiepingen die verbonden zijn door een open trap. Achteraan zorgen glazen muren voor een mooie lichtinval. Sfeer en functionaliteit gaan hier moeiteloos hand in hand. Het gebruik van grote visuals en samengeperst hout brengt warmte in de structuur van staal en glas. Het werd een eigentijds salon, waarin de klant zich zonder meer thuis mag voelen.

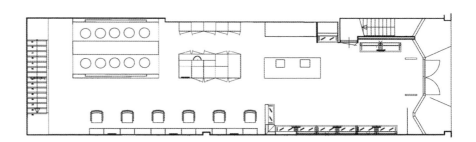

DESIGN RENZE DE GRAAF | **EQUIPMENT** WELONDA

- BLACK CORDS PROVIDE A
  SEMI-TRANSPARENT SEPA-
  RATION BETWEEN BOTH
  THE WASHBASINS AND
  THE BLACK COUCHES.

  LES FILS NOIRS SÉPARENT
  DE MANIÈRE QUASI-
  TRANSPARENTE LES LAVE-
  TÊTE ET LES CHAISES
  LONGUES NOIRES.

  ZWARTE TOUWTJES SCHEI-
  DEN ZOWEL DE WAS-
  BAKKEN ALS DE ZWARTE
  LIGBEDDEN OP EEN SEMI-
  TRANSPARANTE MANIER.

WILLIAM &
JOSEF
CHESHIRE, UK

After an uncomfortable but pleasurable visit to a massage salon for women, Paul Allen and his wife Julie decided to launch a hair and beauty salon exclusively for men. The most notable aspect of the design was that every object or element could be described as masculine or masculine-looking. This has certainly been successful in this space, kept quite neutral, with its sturdy dark-brown Regalo II styling chairs and the austere built-in Takara Belmont washbasins with their tilting mechanism. The atmosphere is relaxed and discrete, with a few high-tech devices.

Suite à une expérience peu confortable bien qu'agréable dans un salon de massages pour femmes, Paul Allen et son épouse Julie ont décidé d'ouvrir un salon de coiffure et de beauté exclusivement réservé aux hommes. La clé du concept devait résider dans le caractère décidément masculin de chaque objet ou élément utilisé. Cet espace neutre a répondu à ces attentes sans problèmes, grâce aux solides sofas Regalo II en cuir marron foncé, et aux lave-tête encastrés, qui intègrent un mécanisme à bascule conçu par Takara Belmont. Le salon respire la détente et la discrétion, et dispose des dernières tendances en matière de haute technologie.

Na een ongemakkelijk maar deugddoend bezoek aan een massagesalon voor vrouwen besloot Paul Allen om samen met zijn vrouw Julie zelf een haar- en beauty salon exclusief voor mannen te starten. Het voornaamste van het ontwerp was dat ieder object of element kon omschreven worden als mannelijk of mannelijk aandoend. In de neutraal gehouden ruimte met de robuuste donkerbruin lederen fauteuils Regalo II en de strakke ingebouwde wasbakken met kantelmechanisme van Takara Belmont lukt dit zeker. Er heerst dan ook een relaxte en discrete sfeer met enkele high tech snufjes.

DESIGN ROB DAVIES I *EQUIPMENT* TAKARA BELMONT UK

- The luxurious styling chairs can be tilted for washing.

  Le mécanisme à bascule transforme les luxueux fauteuils de coupe en fautejils de lavage.

  De luxueuze kapperszetels worden waszetels als je ze kantelt.

DANIELE LUI
MILAN, ITALY

The original structure of this building, whose history stretches right back, has been retained and reinforced using modern but natural elements such as stone, metal and water. It has everything for a complete beauty treatment, from hairdressing salon to Turkish bath, spread over three floors. The space obtains its airy feel from the main colour, white, contrasting with heavier elements such as the corroded Kenox counter in the entrance hall. The Khalifat styling chairs in polished steel were made by Excel with respect for the material and in accordance with time-honoured Italian traditions. It is not perfection that is the goal, but uniqueness, like every customer.

La structure originale de cet immeuble historique a été conservée et renforcée à l'aide d'éléments naturels et modernes tels que la pierre, le métal et l'eau. Il ne manque, dans les trois étages, absolument rien pour se livrer à un traitement intégral de beauté, grâce à la présence d'un salon de coiffure et même d'un bain turc. La couleur blanche dominante confère une certaine légèreté à l'espace qui contraste avec des éléments plus lourds comme le présentoir oxydé Kenox de l'accueil. Les fauteuils de coiffeuse Khalifat en acier poli sont de Excel même, qui respecte le matériel et a suivi des traditions italiennes séculaires. Ils ne sont pas parfaits, puisqu'ils sont sensés être des pièces uniques, comme chacun des clients.

De originele structuur van dit pand, met een geschiedenis die ver terugreikt, werd behouden en versterkt met behulp van moderne natuurlijke elementen zoals steen, metaal en water. Over 3 verdiepingen verspreid, vinden we hier alles terug voor een volledige beautybehandeling, van kapsalon tot Turks bad. De ruimte geeft een luchtige indruk door de witte hoofdkleur, met contrasten van zwaardere elementen zoals de gecorrodeerde Kenox-toog in de inkomhal. De Khalifat-kappersstoelen in gepolijst staal werden door Excel gemaakt met respect voor het materiaal en volgens aloude italiaanse traditie. Ze zijn niet perfect aangezien ze als doel hebben uniek te zijn, zoals iedere klant.

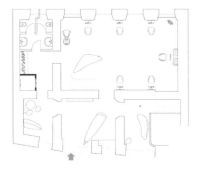 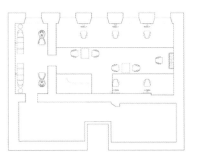

DESIGN NICOLA ANDREA FRIGNANI | **EQUIPMENT** EXCEL

- THE ELEGANT LINES OF THE BALUSTRADE GIVE THE
  BUILDING A NATURAL LOOK.

  LES LIGNES ÉLÉGANTES DE LA RAMPE D'ESCALIER
  CONFÈRENT AU LOCAL UN CARACTÈRE NATUREL.

  DE SIERLIJKE LIJNEN VAN DE TRAPLEUNING GEVEN
  HET PAND EEN NATUURLIJK KARAKTER.

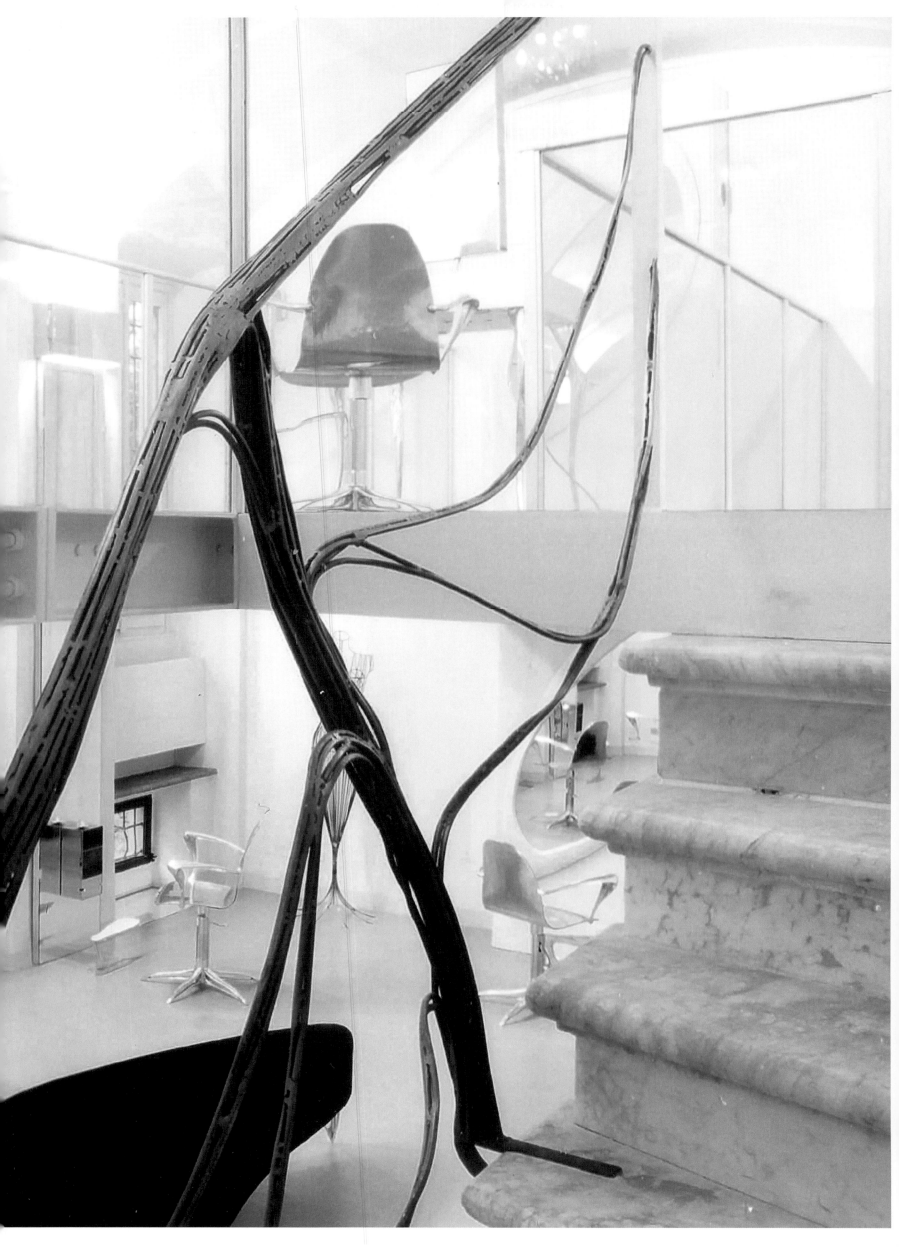

HAIR STUDIO EROS
BRESCIA, ITALY

The main focus of this salon is its lighting. The sophisticated lighting plan includes diffuse light in the counter, twinkling fibre lights in the ceiling and a hidden line of light in the false ceiling and behind the big Perspex poster. Apart from this, the choice was for a taut, symmetrical design interrupted by a few special elements such as elliptical and rounded forms in the partition and counter and the organic forms of the chairs. They give an extra stylistic form to the space. The minimalist white interior was given a fresh hint of colour-bright violet, which appears in the details and the chairs.

L'axe focal de ce salon est la lumière. L'ingénieux projet d'éclairage propose entre autres, une lumière diffuse sur le présentoir, le clignotement des petites lumières en fibre optique au plafond, et la lumière dissimulée dans le plafond abaissé et derrière un grand panneau en méthacrylate. Le concept symétrique et sobre n'est interrompu que par quelques éléments, tels que les formes elliptiques et arrondies sur la cloison de séparation et sur le présentoir, et les formes organiques des fauteuils, qui apportent un style formel particulier. On a donnée à l'intérieur blanc minimaliste une touche fraîche de couleur violette forte qui revient sur certains éléments et sur les fauteuils.

In dit salon staat de verlichting centraal. Het uitgekiende lichtplan omvat onder andere het diffuse licht in de toog, de fonkelingen van de fiberlichtjes in het plafond en de verborgen lichtlijn in het verlaagde plafond en achter de grote poster in plexiglas. Verder werd geopteerd voor een symmetrisch, strak ontwerp, doorbroken door enkele speciale elementen zoals elliptische en afgeronde vormen in de scheidingswand en toog en de organische vormen van de stoelen. Ze geven de ruimte een extra stijlvorm mee. Het witte minimalistische interieur kreeg een frisse kleurtoets mee. Er werd gekozen voor fel violet, dat terugkomt in de details en de stoelen.

DESIGN MAURO CIMAROSTI | *EQUIPMENT* GAMMA INTERNATIONAL

● THE VIOLET BUCKET SEATS AND OVAL SHAPES IN THE PARTITION ARE A COUN-
TERPOINT TO THE RIGID STRAIGHT LINES OF THE ROOM.

LES FAUTEUILS EN FORME DE TONNEAU, DE COULEUR MAUVE, ET LES OVALES
DU MUR DE SÉPARATION VIENNENT CONTREBALANCER LES LIGNES SOBRES ET
DROITES DE L'ESPACE.

DE VIOLETTE ZITKUIPJES EN OVALE VORMEN IN DE SCHEIDINGWAND BIEDEN
EEN TEGENGEWICHT VOOR DE STRAKKE, RECHTE LIJNEN VAN DE RUIMTE.

CREDITS

PHOTOGRAPHY

pp 4-11:	Zeger Garré
pp 12-17:	Ed Brown
pp 18-21:	-
pp 22-27:	Matthijs van Roon
pp 28-33:	Ernesto Pedroni
pp 34-37:	Lee Turner
pp 38-43:	-
pp 44-49:	Ettore Sola
pp 50-55:	Michael Ng
pp 56-61:	Andy Kruczek
pp 62-65:	-
pp 66-71:	Zeger Garré
pp 72-77:	Simon Bolzern
pp 78-83:	Edu Van Gelder
pp 84-89:	-
pp 90-91:	Zeger Garré
pp 92-97:	-
pp 98-103:	Andy Kruczek
pp 104-107:	Zeger Garré
pp 108-113:	Shinichi Sato
pp 114-119:	Henrie Kleinman
pp 120-125:	Claudia Dulak
pp 126-129:	-

pp 130-133:	Michel Denancé
pp 134-137:	Steve Troes
pp 138-143:	Ray Swords
pp 144-149:	Tom Lee
pp 150-155:	Jan Kobel
pp 156-159:	Benjamin Alcázar and Nacho Uribesalazar
pp 160-163:	Andy Kruczek
pp 164-169:	Michael Ng
pp 170-173:	Andrew Song
pp 174-177:	Didier Boy de la Tour
pp 178-181:	Sandra Seckinger and Tom Roch
pp 182-187:	Zeger Garré
pp 188-193:	Dragomir Draganov and Simeon Levi
pp 194-197:	-
pp 198-201:	Hayner Biedermann
pp 202-207:	Paul Vink
pp 208-211:	Andy Kruczek
pp 212-217:	Ettero Sola
pp 218-223:	-

AUTHOR Wim Van Hees

TRANSLATION INTO ENGLISH Gregory Ball

TRANSLATION INTO FRENCH Natalie Vivo

GRAPHIC DESIGN Gunter Segers